W0194627

ullstein

Das Buch

Arbeitnehmer sind am produktivsten, wenn sie nur 25 Stunden die Woche arbeiten. Und sie sind um vieles glücklicher und freier. Doch viele trauen sich nicht, diesen Schritt zu machen. Sie tauschen ihre Zeit gegen Geld und Sicherheit ein. Ihre Träume bleiben dabei auf der Strecke. Das muss nicht sein. Elias Vorpahl und Dominik Lang zeigen einen Weg auf, wie man seine Arbeitszeit reduziert und dabei die Gehaltseinbußen völlig ausgleicht. Ihre unkonventionellen Finanz- und Lebenstipps zeigen Lücken im System auf, die sich auszahlen.

Die Autoren

Elias Vorpahl, *1985, studierte nach einem freiwilligen sozialen Jahr in Südafrika Mathematik und Volkswirtschaftslehre in Münster und Christchurch, Neuseeland. Er arbeitet heute als Consultant in der freien Wirtschaft und testet bereits die 3-Tage-Woche, um seiner Leidenschaft, dem Schreiben, nachzugehen.

Dominik Lang, *1986, studierte Mathematik, Volkswirtschaftslehre und Medizin in Münster und Uppsala, Schweden. Er arbeitet heute als Risikomanager in einem DAX-Konzern. Privat entdeckt und entwickelt er permanent neue Finanz- und Spartipps, um sich finanziellen Spielraum für seine Leidenschaft, das Reisen, zu eröffnen.

Elias Vorpahl
Dominik Lang

DIE 3-TAGE-WOCHE

WENIGER ARBEIT – MEHR GELD

ULLSTEIN

Besuchen Sie uns im Internet:
www.ullstein-taschenbuch.de

Originalausgabe im Ullstein Taschenbuch
1. Auflage Dezember 2017
© Ullstein Buchverlage GmbH, Berlin 2017
© Illustrationen: Nora Marleen, Berlin
Alle Rechte vorbehalten
Umschlaggestaltung: zero-media.net, München
Titelabbildung: Getty Images / © jemorgan
Satz: KompetenzCenter, Mönchengladbach
Gesetzt aus der Adobe Garamond
Druck und Bindearbeiten: CPI books GmbH, Leck
ISBN 978-3-548-37718-6

Arbeiten macht Spaß,
aber acht Stunden Spaß kann ich einfach nicht vertragen.

Aus: Marc-Uwe Kling, Das Känguru-Manifest

Disclaimer

Die Autoren übernehmen keinerlei Gewähr für die Aktualität, Korrektheit, Vollständigkeit oder Qualität der bereitgestellten Informationen. Haftungsansprüche gegen die Autoren, welche sich auf Schäden materieller oder ideeller Art beziehen, die durch die Nutzung oder Nichtnutzung der dargebotenen Informationen bzw. durch die Nutzung fehlerhafter und unvollständiger Informationen verursacht wurden, sind vollumfänglich ausgeschlossen, selbst wenn seitens der Autoren nachweislich vorsätzliches oder grob fahrlässiges Verschulden vorliegt.

Dieser Haftungsausschluss ist als Bestandteil des vorliegenden Buches zu betrachten. Sofern Teile oder einzelne Formulierungen dieses Textes der geltenden Rechtslage nicht, nicht mehr oder nicht vollumfänglich entsprechen sollten, bleiben die übrigen Teile des Haftungsausschlusses in ihrem Inhalt und ihrer Gültigkeit davon unberührt.

Im Klartext: Wenn ihr den Uli Hoeneß macht, seid ihr selbst schuld! ☺

Inhalt

Einleitung

Träumst du auch von einer verkürzten Arbeitswoche mit einem langen Wochenende für die schönen Dinge des Lebens?

Sonntagabend auf dem Sofa. Das war ein tolles Wochenende. Wir haben mit Freunden gekocht, Sport getrieben, uns erholt und Pläne für den nächsten Urlaub geschmiedet. Und, immerhin, endlich mal wieder ein paar Seiten gelesen. Wie unbeschwert das Leben sein kann! Doch nun klopft ein neuer Montag an die Tür – und mit ihm eine lange Arbeitswoche. Fünf Tage, an denen wieder kaum Zeit bleiben wird. Work-Life-Balance? Fühlt sich anders an.

Und dann, ja dann blitzt wieder dieser Tagtraum auf: Was wäre, wenn wir uns einen Tag, vielleicht sogar zwei, vom Job loseisen könnten? Nicht nur ausnahmsweise, sondern auf Dauer. Jede Woche, das ganze Jahr lang. Wenn wir plötzlich Freiräume hätten für kleine und große Vorhaben: Städtereisen, die Familie, ein Ehrenamt. Für all das, wofür sonst nie genug Zeit bleibt. So träumten wir.

Als wir uns entschließen, dieses Buch zu schreiben, sind wir 29 und 30 Jahre alt. In Deutschland beginnt wieder einmal eine Rentendebatte. Dabei geht es in erster Linie um die Babyboomer-Generation, also jenen Teil der Bevölkerung, der heute zwischen 45 und 60 Jahre alt ist. Unsere Generation kommt dabei nur am Rande vor. Als Generation Y ernten wir allenfalls Kritik, wenn uns Müßiggang und mangelndes Engagement vorgeworfen werden. Dabei haben wir oft schon zwanzig Jahre Schule, Studium, Praktika und diverse Nebenjobs hinter uns. In Bewerbungsgesprächen zeigen wir Begeisterung für das Unternehmen und die neue berufliche Herausforderung, so wie es von uns erwartet wird. Flexibel und belastbar soll man sein. Auslandserfahrung ist Pflicht. Für den ersten Job ziehen wir oft quer durch die Republik, um dann voller Erwartung endlich ins Berufsleben zu starten.

Vielleicht noch nicht am ersten Arbeitstag, aber schon nach ein paar Monaten merken wir zum ersten Mal, dass da – allen Beteuerungen der Personalabteilung zum Trotz – viele arbeiten, die nur noch wenig Sinn in ihrer Arbeit sehen. Manche Kollegen sagen uns sogar ganz unverblümt, dass sie nur noch auf die Rente warten.

Und selbst für diejenigen, die gerne arbeiten, steht fest: Fünf Tage die Woche ist verdammt viel. Drei Tage würden auch völlig ausreichen. Und wir? Wir sind plötzlich ein Teil dieser Arbeitswelt.

Uns wird klar: Die ganze Zeit waren wir so damit beschäftigt, den hohen Ansprüchen der Unternehmen zu genügen, dass wir dabei ganz vergessen haben, uns mit der eigentlichen Frage auseinanderzusetzen: Was ist es, das wir mit unserem Leben anfangen möchten, und welche Rolle soll unser Job darin spielen? Wie viel Zeit wollen wir in unserem Leben der Arbeit widmen?

Australische Forscher haben in einer Studie[1] herausgefunden, dass Arbeitnehmer am produktivsten sind, wenn sie nur 25 Stunden pro Woche arbeiten. Das hat auch viel mit der eigenen Zufriedenheit zu tun. Die 3-Tage-Woche macht uns frei. Sie erlaubt es, ein abwechslungsreicheres, erfüllteres Leben zu führen. Sie fördert die persönliche Entwicklung und motiviert uns, bei der Arbeit Höchstleistungen zu erbringen.

Deshalb überrascht es nicht, dass die Reduktion der Arbeitszeit schon längst kein Thema mehr ist, das nur unsere Generation bewegt. Die Suche nach einem tieferen Sinn in der Arbeit und der richtigen Work-Life-Balance beschäftigt immer mehr Arbeitnehmer aller Altersgruppen.

Große Firmen lenken bereits ein. Sie gestatten über Gleitzeitmodelle, jederzeit ein- und auszustempeln; Sabbaticals ermöglichen längere Auszeiten vom Job. Aber davon profitieren nur wenige Arbeitnehmer, und das eigentliche Grundproblem bleibt – fünf Tage die Woche sind einfach zu viel.

Doch warum arbeiten wir nicht weniger? Die Antwort ist klar: Wegen der Kohle. Wir gehen einen Kompromiss mit uns selbst ein. Wir tauschen Zeit gegen Geld, gegen Sicherheit. Denn bei aller Träumerei, spätestens der Blick aufs Konto lässt uns erwachen. Und je älter wir werden, desto größer werden die finanziellen Abhängigkeiten. Das Auto. Die Kinder. Die private Altersvorsorge. Kaum einer kann oder will sich die Gehaltseinbußen leisten, die mit einer 3-Tage-Woche einhergehen würden. Wir reden uns ein, dass wir den Job, die 40-Stunden-Woche, ja selbst die

Überstunden kompensieren können. Mit Urlauben, auf die wir uns freuen. Mit Hobbys. Mit der Familie. Aber für all das bleibt meist zu wenig Zeit. Wir arbeiten, um später einmal mehr Zeit zu haben, irgendwann.

Nehmen wir Elias: Die Studienwahl war für ihn nicht leicht. Seine Leidenschaft war immer das Schreiben. Er wollte Schriftsteller werden. Aber er war auch in Mathe gut. Am Ende hat er sich für die Mathematik entschieden. Ihm war die finanzielle Sicherheit wichtig. Er hat sich gesagt, dass er später immer noch schreiben kann, neben dem Beruf, vielleicht an den Wochenenden. Das ist aber nie passiert.

Und so verschieben wir all unsere Träume in die Zukunft, weil wir glauben, erst einmal Geld verdienen zu müssen. Und das ist ja auch vernünftig. Wir brauchen Sicherheit. Wir brauchen unser regelmäßiges Einkommen. Wir brauchen unsere Krankenversicherung. Wir wollen irgendwann in unserem eigenen Garten ein Steak grillen können – das Haus soll nicht der Bank gehören – und finanziell unabhängig sein. Aber zu welchem Preis?

Das war unser Thema, schon seit dem Studium. Wir haben keine Lust, irgendwann aufzuwachen und alt zu sein. Wir haben echte Angst davor, unser Leben dieser Sicherheit geopfert zu haben, und wollen Unabhängigkeit von der großen Maschinerie des Geldverdienens. Aber wie können wir den bestmöglichen Kompromiss zwischen Zeit und Geld finden? Wie können wir die wertvollsten Jahre unseres Lebens am geschicktesten einsetzen, um möglichst schnell unsere Träume zu erfüllen? Gibt es Lücken im System, durch die wir schlüpfen können, um ab einem bestimmten Zeitpunkt in unserem Leben jede Woche einfach weniger arbeiten zu können, ohne dabei auf finanzielle Sicherheit zu verzichten? Die 3-Tage-Woche bedeutet Freiheit, sie bedeutet, genug Zeit zu haben für eigene Projekte, für Freunde, für Sport, für dieses Buch. Es gibt so viele Dinge, die wir im Leben machen möchten. Und jeder hat nur begrenzt Kraft und Energie. Wir möchten nicht all diese Energie auf einen Job von *nine to five* verwenden, bei dem wir oft das Gefühl haben, das eigentliche Leben beginnt danach.

Aber wie kann man sich heutzutage in kurzer Zeit ein ausreichendes finanzielles Polster zulegen, um sich eine 3-Tage-Woche zu ermöglichen? In vielen Unternehmen sind die Bedingungen für Neueinsteiger in den letzten Jahren nach und nach verschlechtert worden. Betriebsrenten fallen geringer aus, vermögenswirksame Leistungen wurden gestrichen. Seit den 1990er Jahren hat sich der Anteil der befristeten Beschäftigungsverhältnisse verdoppelt.[2] 80 Prozent der Hochschulabsolventen beginnen ihren ersten Job mit einem befristeten Vertrag, der im Durchschnitt 20 Prozent schlechter bezahlt ist als die unbefristeten Verträge.[3] Ein 25-Jähriger, der heute 200 Euro monatlich zu 0,9 Prozent Zinsen anlegt, hat nach vierzig Jahren etwa 115 000 Euro gespart. Vor zwanzig Jahren waren es bei 4 Prozent Zinsen noch etwa 228 000 Euro.[4]

Für unsere Generation ist es schwieriger geworden. Ein Leben mit einer 3-Tage-Woche erscheint unmöglich. Einen entscheidenden Vorteil haben wir aber, den die Generationen vor uns nicht hatten: den unbeschränkten Zugang zu Wissen.

Dieses Buch zeigt dir, wie du dieses Wissen geschickt für dich nutzen kannst.

Elias Vorpahl und Dominik Lang

Tipp 1:

Warum du deinen ersten Job im September beginnen solltest

Um ruhigen Gewissens nur noch drei Tage die Woche zu arbeiten, sollte man finanziell nicht mehr auf einen Vollzeitjob angewiesen sein. Hierfür ist es wesentlich, dir in möglichst kurzer Zeit ein ausreichend komfortables finanzielles Polster zu schaffen.

Bis zum Abschluss deiner Ausbildung sind die Kosten im Verhältnis zu den Einnahmen zu hoch, um ein entsprechendes Vermögen aufbauen zu können. Wenn du studierst, musst du das Semesterticket zahlen, du musst die Miete für dein WG-Zimmer aufbringen, du brauchst Lebensmittel, die Mitgliedschaft im Fitnessstudio wird monatlich vom Konto abgebucht, und am Abend willst du auch mal feiern gehen. Um diese Kosten zu decken, steht dir, wenn du Glück hast, etwas Geld von den Eltern zur Verfügung, du kannst Stipendien oder BAföG beantragen, vielleicht jobbst du auch nebenher, um dir etwas dazuzuverdienen. Für große Sprünge reicht das nicht.

Erst der Beruf, für den du dich gerade ausbilden lässt, wird dich in die Lage versetzen, systematisch Vermögen aufzubauen. Wann ist also der richtige Zeitpunkt für den

Jobeinstieg? Die einfache Antwort lautet: je früher, desto besser. Die bessere Antwort lautet: September. Gehen wir davon aus, dass du einen Job findest, der dir im ersten Berufsjahr 42 000 Euro einbringt. Das kann zu hoch gegriffen sein. Vielleicht ist es auch zu wenig. Aber es hilft, wenn wir mit einem konkreten Beispiel arbeiten. Bei einem Jahresgehalt von 42 000 Euro liegt dein persönlicher Grenzsteuersatz als Single bei 36,60 Prozent. Grenzsteuersatz bedeutet, dass du im Vergleich zu jemandem, der nur 41 999 Euro verdient, für diesen einen Euro, den du mehr verdienst, 36,60 Cent Steuern zahlen musst. Je weniger du jährlich verdienst, desto geringer ist dein Grenzsteuersatz.

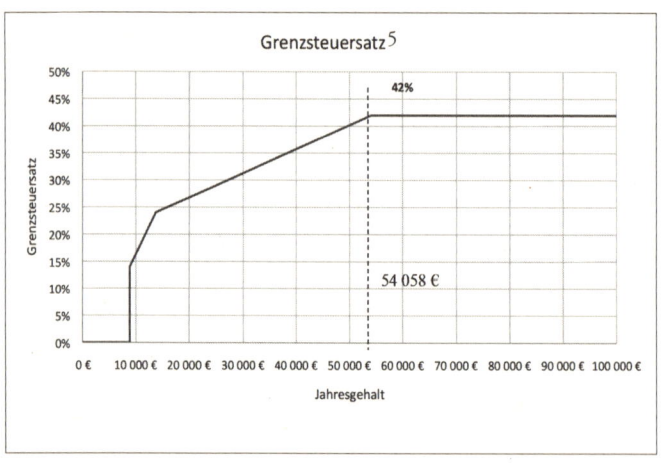

Das Steuerjahr folgt dem Kalenderjahr. Das heißt, das Steuerjahr beginnt zum 1. Januar und endet am 31. Dezember.

Wenn du jetzt im September anfängst zu arbeiten, behält das Finanzamt monatlich Lohnsteuer ein. Da du ein Jahresgehalt von 42 000 Euro verdienst, setzt es dabei den Grenzsteuersatz in Höhe von 36,60 Prozent an[6]. Dieser Steuersatz ist aber auf das ganze Steuerjahr bezogen zu hoch. Da du ja erst im September anfängst zu arbeiten, verdienst du in deinem ersten Steuerjahr (also bis Ende Dezember) nur vier Monate Lohn, insgesamt also 42 000 € × (4/12) = 14 000 €. Der korrekte Grenzsteuersatz entspricht dann nur 24,07 Prozent. Genau aus diesem Grund musst du Anfang des neuen Jahres eine Steuererklärung einreichen. Das Finanzamt wird dir dann die von September bis Dezember zu viel gezahlte Steuer zurückerstatten. In unserem Beispiel sind das 2168 Euro, die du zurückbekommst (die konkrete Rechnung kannst du im Anhang nachlesen). Hier siehst du, wie die Steuerrückzahlung abhängig vom Einstiegsmonat aussieht:

Einstiegsmonat	Steuerrückzahlung
Januar	0 €
Februar	462 €
März	871 €
April	1224 €
Mai	1523 €
Juni	1766 €
Juli	1956 €

August	2089 €
September	2168 €
Oktober	2109 €
November	1582 €
Dezember	791 €

Warum gerade die Steuerrückzahlung maximiert werden sollte, erklärt der nächste Tipp.

Tipp 2:

Wie du dir 4 Prozent Verzinsung sicherst

Sparen macht zurzeit keinen Spaß. Möchte man sein Geld über mehrere Jahre sicher bei einer Bank anlegen, bekommt man so gut wie keine Zinsen mehr. Ein Blick auf einen Zinsvergleich im Internet (z. B. FMH.de) bestätigt das. Die Banken der großen Automobilhersteller (z. B. Audi Bank, Volkswagen Bank) zahlen zum Zeitpunkt der Recherche maximal 1,15 Prozent Zinsen über vier Jahre. Große Sprünge sind da ausgeschlossen. Zumal man das Geld für die Spareinlage auch erst einmal zur Seite gelegt haben muss.

Die Lösung für das Problem liefert das Finanzamt. In unserem obigen Beispiel kann ein Single mit einem Einstiegsgehalt in Höhe von 42 000 Euro, der im September angefangen hat zu arbeiten, nach Einreichen seiner Steuererklärung mit einer Steuerrückzahlung in Höhe von 2168 Euro rechnen. Der Trick ist jetzt, die Steuererklärung nicht sofort einzureichen. Das ist völlig legal, solange du keine sonstigen zu versteuernden Einnahmen neben deinem Arbeitseinkommen hast und du nicht explizit vom Finanzamt zur Abgabe einer Steuererklärung aufgefordert wirst.[7] Im Klartext: Solange du keine Wohnungen vermietest oder nebenher selbständig bist, musst du deine Steuererklärung zunächst nicht einreichen.

Das Finanzamt ist dann verpflichtet, dir die noch nicht ausgezahlte Steuerrückzahlung zu verzinsen[8] – und zwar mit aktuell 0,5 Prozent monatlich[9] ab dem fünfzehnten Monat.[10] Nach vier Jahren verfallen deine Ansprüche auf Steuerrückzahlung. Deine Steuererklärung für 2017 müsstest du also am besten im Dezember 2021 einreichen. Übersetzt man die Verzinsung des Finanzamts in eine verständliche Verzinsung, die wir auch vom Sparbuch kennen, erhält man diesen schönen Satz:

Auf deine Steuerrückzahlung in Höhe von 2168 Euro zahlt dir das Finanzamt vier Jahre lang einen Zins in Höhe von gut 4 Prozent p. a.![11]

Wie es zu diesem Buch kam

Für Dominik dürfte dieses Buch nur achtzig Seiten haben. Kurz und prägnant sollten wir in ihm nach Möglichkeit die Tipps teilen, die unseren Lesern nützlich sein könnten. Ich finde aber, dass wir dir als Leser auch ein wenig von uns erzählen sollten. Deshalb wird es zwischen den immer noch kurzen Tipps immer mal wieder kleine Einschübe wie diesen geben, in denen du ein bisschen mehr über uns und die Entstehung dieses Buches erfährst.

Ich kann mich noch genau an meine erste Begegnung mit Dominik in Münster erinnern. Wir hatten gerade mit dem Mathematikstudium begonnen. Ich war 20 Jahre alt, Dominik 19. Wir saßen in unserer ersten Analysis-Vorlesung zufällig nebeneinander. Der Professor begrüßte seine neuen Studenten.

»Willkommen an der Westfälischen Wilhelms-Universität Münster. Willkommen in meiner Vorlesung. Die Mathematik ist ein besonderes Studium. In den kommenden Jahren werden wir daran arbeiten, Ihre Art zu denken völlig zu verändern. Heute ist der erste Tag einer interessanten Reise. Also, packen wir es an.«

Damit drehte er sich zu den vielen Tafeln hinter sich um und fing an, ein erstes Axiom anzuschreiben. In der Folge verstand ich nicht mehr viel. Ich schrieb nur noch mit und übte mich an griechischen Buchstaben, die bald die Tafeln ausfüllten. Dominik neben mir lehnte sich zurück. Er schrieb überhaupt nicht mit, blätterte nur in einem gelben Buch, das ich bisher nicht kannte.

Nach einer Stunde verfiel der Professor wieder in eine Sprache, die ich verstand. »Wir machen jetzt 15 Minuten Pause. Ich ermutige Sie: Gehen Sie raus, reden Sie miteinander. Lernen Sie die Leute kennen, mit denen Sie zusammen das Studium bewältigen werden. Alleine werden Sie es nämlich aller Voraussicht nach nicht schaffen.« Damit endete der erste Teil seiner Vorlesung, und ich war verdammt nervös.

Auf dem Weg nach draußen sprach ich Dominik an: »Hast du irgendetwas verstanden von dem, was wir da gerade gemacht haben?« Das gelbe Buch hatte er an seinem Platz liegen gelassen. »Nicht alles, aber das ist normal. Die Professoren sind auf ihrem Gebiet top. Aber nur die wenigsten können auch gut erklären«, antwortete er. »Der Königsberger macht das gut.« »Das gelbe Buch?«, fragte ich ihn. »Kennst du es gar nicht? Ist sogar noch besser als der Forster. Der Heuser lohnt sich auch. Ist aber eigentlich zu dick.« Meine Knie wurden noch weicher. Wovon redete er da? Ich schwieg. Dann streckte er mir die Hand entgegen und sagte: »Dominik.« Ich ergriff seine Hand und erwiderte: »Elias. Freut mich, dich kennenzulernen.«

Dominik wusste stets, wo man etwas dringend Benötigtes finden kann. Im Mathestudium besteht der größte Teil der Arbeit darin, in der Gruppe Übungszettel zu lösen. Um die Zettel zu bearbeiten, hat man eine Woche Zeit. Man sollte meinen, dass *es ein Leichtes sein müsste, im Internet die richtigen Lösungen zu finden. Das ist aber überhaupt nicht so. Man sitzt wirklich die ganze Woche über zusammen in der Bibliothek und versucht in der Gruppe, Lösungen zu entwickeln. Im Internet hat niemand von uns jemals irgendetwas gefunden. Mit einer Ausnahme. Ich weiß nicht, wie, aber Dominik schaffte es jede Woche aufs Neue, zumindest die Lösung einer Aufgabe in den Tiefen des Internets aufzutun. Und wenn es nicht die exakte Lösung war, dann war es zumindest ein Lösungsansatz, der uns weiterhalf.*

Wenn wir anderen manchmal ein bisschen länger über eine gefundene Lösung diskutieren wollten, konnte Dominik das nie verstehen. Für ihn war das unnötige Zeitverschwendung. Die Aufgabe war ja gelöst. Auf zur nächsten Aufgabe. Dominik versuchte stets alles, was er tat, zu optimieren. Das mag zum einen damit zu tun gehabt haben, dass Dominik neben dem Mathestudium auch noch in Volkswirtschaftslehre und Medizin eingeschrieben war und er deshalb generell wenig Zeit hatte. Zum anderen hatte es aber auch mit der Freude zu tun, die er empfand, wenn er Dinge effizienter erledigte als andere.

Die Mathezettel waren dabei nur ein Beispiel. Ein anderes waren Urlaube, die wir in der Gruppe planten. Als Studenten hatten wir nicht viel Geld. Egal, welche Vergleichsportale wir für die Reise nach Rom auch benutzten, Dominik schaffte es immer wieder, den Urlaub so zu buchen, dass er noch einmal um 100 Euro günstiger wurde.

Die Mathematik als Geisteswissenschaft strebt nach innerer Logik und Effizienz. Je kürzer der Beweis eines Theorems ge-

führt wird, als umso eleganter gilt er. In der Mathematik steht Kürze für Weiterentwicklung.

Auf der einen Seite sollte der Professor in dieser ersten Vorlesungsstunde also recht behalten: In den ersten Tagen des Studiums lernten wir tatsächlich die Leute kennen, mit denen zusammen wir das Studium bewältigen würden. Auf der anderen Seite vermag ich nicht zu sagen, ob das Mathestudium unsere Art zu denken wirklich verändert hat oder ob es einfach nur diejenigen anzieht, die ohnehin schon so gedacht haben wie Dominik, das heißt logisch, effizient, auf die Sache bezogen. Dieser Einschub erklärt, wie dieses Buch entstehen konnte. Nach dem Studium hat Dominik nämlich nicht aufgehört, seine Umgebung (also das Wirtschaftssystem Bundesrepublik Deutschland) auf Effizienz und Logik zu durchleuchten. Alles, was es darin an Ungereimtheiten gab, war interessant und wurde mit seinem besten Freund, also mit mir, besprochen. Ich fand das alles genauso spannend wie Dominik, was uns gegenseitig noch weiter anspornte, immer wieder neue Lücken im System aufzutun. Viele der Tipps, die wir in diesem Buch beschreiben, haben wir selbst nie umgesetzt, sei es, weil sie auf unsere Lebenssituation nicht passten oder weil wir moralische Bedenken hatten. Darum ging es bei unseren Recherchen aber auch oft gar nicht. Wir wollten gar nicht unbedingt alles, was möglich war, umsetzen; wir waren eher davon angetan, überhaupt diese völlig legalen Möglichkeiten zu entdecken.

Anfang 2016 waren Dominik und ich dann mit Freunden im Skiurlaub. Die Liftfahrten nutzten wir, um über neue Ideen zu sprechen. Die Bergluft tat da Wunder. Ich hatte für 2016 mit meinem Arbeitgeber einen Sabbatmonat vereinbart und wollte zusätzlich drei Monate lang nur drei Tage die Woche arbeiten. Die Zeit wollte ich nutzen, um an einem neuen Roman zu schreiben. Auf einer dieser Liftfahrten kam Dominik dann die Idee zu diesem Buch: Man müsste einmal alle unsere Tipps und Tricks in einem Ratgeber zusammenfassen. Von der Vereinbarung mit meinem Arbeitgeber inspiriert – und weil ich gerade dreißig Jahre alt geworden war –, hatten wir sofort den Titel: »30 Tipps für die 3-Tage-Woche ab 30. So optimierst Du Dein Leben am Rande der Legalität!«

Der Titel wurde noch verändert, aber die Essenz der ursprünglichen Idee ist erhalten geblieben. Wir waren von der Idee so begeistert, dass wir noch am gleichen Abend alle Tipps und Tricks, die uns einfielen, aufschrieben. Am Ende hatten wir eine Liste mit 87 Tipps. Die besten von ihnen haben es in dieses Buch geschafft.

Tipp 3:

Wo dein Lebensmittelpunkt wirklich liegt

Häufig ist es so, dass man bis zum Ende der eigenen Ausbildung oder bis zum Beginn des Studiums bei seinen Eltern wohnt. Danach zieht man an einen anderen Ort, sucht sich seine erste Wohnung oder WG und ändert seinen Erstwohnsitz. Dabei sollte man sich genau überlegen, ob es überhaupt richtig ist, seinen Erstwohnsitz zu verlegen. Wenn man trotz des Umzugs regelmäßig an den Wochenenden im Heimatort ist, um Zeit mit seiner Familie, seinen Freunden und in Vereinen zu verbringen, in denen man vielleicht schon jahrelang Mitglied ist, stellt sich die Frage, ob es nicht eher den Tatsachen entspricht, den Heimatort weiterhin als Erstwohnsitz zu bezeichnen. Man kann ja nichts dafür, dass die Wunschuniversität oder der neue Job nicht genau vor der Haustür liegt.[12]

Nur aus dem Grund ziehst du um. Der neue Ort wird dann zu deinem Zweitwohnsitz. Selbst wenn du noch studierst, verlangen einige Städte dann eine Zweitwohnsitzsteuer. Das sollte dir aber egal sein. Zahle diese Steuer einfach. Betrachte diese Kosten als lohnende Investition in deine Zukunft. Sobald du nämlich anfängst zu arbeiten, ergeben sich aus dem Zweitwohnsitz entscheidende Vorteile. Du ahnst vielleicht schon, auf was wir hinauswollen: Werbungskosten für doppelte Haushaltsführung.[13]

Arbeitest du an deinem Zweitwohnsitz, kannst du die komplette Miete deiner Zweitwohnung, die Umzugskosten, neue Möbel[14] und nicht zuletzt die Fahrtkosten zwischen Erst- und Zweitwohnsitz in voller Höhe von deinem Einkommen absetzen.[15] Bei 700 Euro Warmmiete im Monat hast du jährliche Kosten in Höhe von 12 × 700 € = 8400 €. Wenn du 42 000 Euro im Jahr verdienst, sinkt dein zu versteuerndes Einkommen so auf 42 000 € – 8400 € = 33 600 €. Reichst du deine Steuererklärung ein, werden dir 2916 Euro Einkommenssteuer allein für die Warmmiete zurückerstattet. Im ersten Jahr kommen die Umzugskosten und die Kosten der neuen Möbel noch obendrauf. Und wie gehabt gibst du deine Steuererklärung erst vier Jahre später ab und sicherst dir so gut 4 Prozent Zinsen (vgl. Tipp 2).

Jetzt ist es aber so, dass dir das Finanzamt, sobald du arbeitest, die Anerkennung deines Zweitwohnsitzes nicht leichtmacht. Solange du nur die Zweitwohnsitzsteuer zahlst, gibt es in der Regel keine Einwände vom Finanzamt. Sobald du aber eine Steuererklärung einreichst und wegen des Zweitwohnsitzes mit Steuerrückzahlungen zu rechnen ist, bringt das Amt Argumente vor, die gegen den Zweitwohnsitz sprechen. Dieser Tipp soll dir helfen, diese Argumente zu entkräften.

Das erste Argument des Finanzamts lautet, dass du gar keine zweite Wohnung am Arbeitsort bräuchtest, weil du ja auch von deinem Heimatort aus pendeln könntest. Dieses

Argument greift aber nur, wenn deine Arbeit innerhalb einer Stunde Fahrzeit zu erreichen ist. Ist die Entfernung größer, kann dich niemand zwingen zu pendeln.[16]

Mit dem zweiten Argument zweifelt das Finanzamt an, dass dein Erstwohnsitz wirklich dein Lebensmittelpunkt ist. Dem Finanzamt reicht es nicht, wenn du zum Beispiel in der Wohnung deiner Eltern umsonst ein Zimmer bewohnst. Es soll dadurch verhindert werden, dass zahlreiche Berufsanfänger nur zum Schein den Erstwohnsitz bei den Eltern melden.

Dieses Argument kannst du dadurch entkräften, dass du keineswegs kostenfrei bei deinen Eltern wohnst.[17] Zu Beginn deines Studiums oder deiner Ausbildung schließt du deshalb mit deinen Eltern einen Mietvertrag ab. Die Miete, die du ihnen zahlst, muss mehr als zehn Prozent der laufenden Kosten deiner Eltern abdecken (also deren Miete mit Nebenkosten, Strom, Telefon etc. und ihre Kosten für Lebensmittel).[18] Wenn du dir diese Miete nicht leisten kannst, können dich deine Eltern ja vielleicht bei deinen Studienkosten unterstützen.

Gehört deinen Eltern die Wohnung oder das Haus, musst du dich nur an den Nebenkosten beteiligen. Außerdem solltest du das Finanzamt darauf aufmerksam machen, dass du schon während deines Studiums jahrelang Zweitwohnsitzsteuer gezahlt hast und dabei der Erstwohnsitz bei den Eltern stets anerkannt wurde.

Noch ein paar Gedanken zu den Fahrtkosten zwischen Erst- und Zweitwohnsitz: Du bekommst 0,30 Euro pro Entfernungskilometer. Liegen zwischen deiner Erstwohnung und deiner Zweitwohnung 600 Kilometer, kannst du also pro Heimatbesuch 600 × 0,30 € = 180 € absetzen. Maximal darfst du eine Heimfahrt pro Woche absetzen, maximal 46 Heimfahrten pro Jahr, weil das Finanzamt von sechs Wochen Jahresurlaub ausgeht. Damit kannst du also 46 × 180 € = 8280 € pro Jahr allein für deine Fahrten absetzen.

Das Problem bei der Sache: Du musst sämtliche Tankbelege aufbewahren und auch ein Fahrtenbuch führen, um deine Fahrten nachzuweisen. Das ist ziemlich aufwendig. Es gibt aber einen Weg, das Finanzamt zum Verzicht auf den Nachweis der Fahrten zu bewegen. Der nächste Tipp erklärt dir, wie.

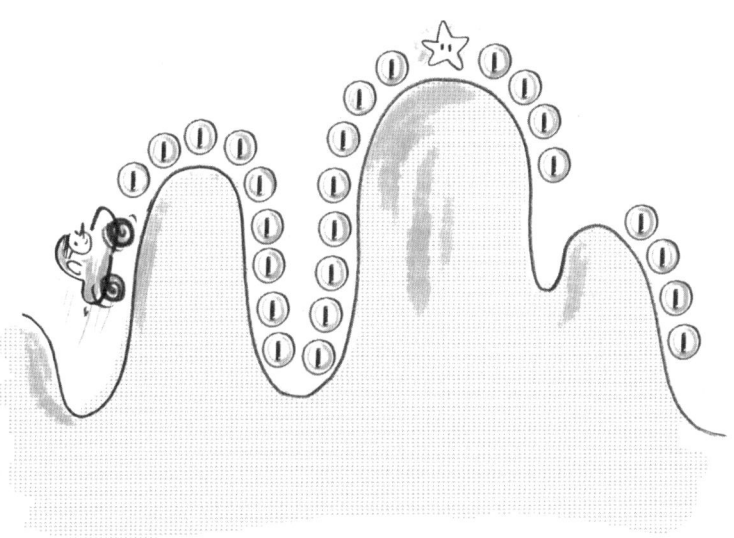

Tipp 4:
Lass dich beschenken

In Deutschland steht die Chance, dass deine Eltern ein Eigenheim besitzen, ungefähr bei fünfzig zu fünfzig.[19] All denjenigen, bei denen dies nicht der Fall ist, sei gesagt, dass in Tipp 18 gezeigt wird, wie man selbst gut an Wohneigentum kommt. Wenn deine Eltern aber Eigenheimbesitzer sind, sollten sie sich ernsthaft überlegen, ob sie bereit sind, dir vor deinem Berufsstart ihr Eigenheim zu schenken.[20] Dies setzt selbstverständlich sehr viel Vertrauen voraus. Wenn dir deine Eltern aber vertrauen und sie dir ihr Eigenheim schenken, besitzt du selbstbewohntes Eigentum an deinem Erstwohnsitz. Das Finanzamt verzichtet dann oft darauf, sich die Heimfahrten zwischen Zweitwohnung und Heimat nachweisen zu lassen.

Die Schenkung deiner Eltern hat noch ein paar weitere Vorteile. In Deutschland kann ein Kind innerhalb von zehn Jahren Vermögenswerte in Höhe von insgesamt 400 000 Euro steuerfrei durch Schenkungen und/oder Erbschaften von seinen Eltern erhalten.[21] Nach zehn Jahren beginnt eine neue Zehn-Jahres-Periode, in denen wieder 400 000 Euro Freibetrag zur Verfügung stehen.[22] Durch eine frühe Schenkung können also, falls vorhanden, große Vermögenswerte über die Jahrzehnte steuerfrei an die Kinder übergeben werden.

Ein weiterer Vorteil der Schenkung betrifft die Kosten für die Pflege deiner Eltern, die irgendwann einmal nötig werden könnte. Zur Deckung der Pflegekosten kann der Staat auf sämtliche Vermögenswerte deiner Eltern zugreifen. Wenn dir aber die Immobilie schon zehn Jahre lang gehört, sind dem Staat die Hände gebunden. Dafür musst du noch nicht einmal in der geschenkten Immobilie wohnen. Du hast deinen Eltern gegenüber zwar immer noch eine Unterhaltspflicht, aber es kann dich dann niemand mehr dazu zwingen, die geschenkte Immobilie zu verkaufen.[23]

Die Frage nach der Moral

Ich engagiere mich für die Prosathek, eine kleine Gruppe junger Autoren, die regelmäßig Kurzgeschichten online stellt. Jede Woche treffen wir uns zum Stammtisch in einer Bar. Ich weiß gar nicht mehr genau, wie wir darauf kamen. Aber bei einem unserer Treffen ging es um absurdes Verhalten der Polizei. Ich erzählte davon, wie wir uns während des Studiums in Münster immer ein Katz-und-Maus-Spiel mit der Polizei lieferten. Speziell mittwochnachts waren alle Studenten unterwegs. Nach dem Club oder der Bar – die Destille ist in Münster legendär – mussten wir irgendwie nach Hause kommen. Das Taxi war uns zu teuer, weshalb eigentlich alle mit dem Rad unterwegs waren. Auch die Polizisten.

Sie standen in den Seitenstraßen. Fuhr man an ihnen vorbei, hielten sie einen auf und baten zur Alkoholkontrolle. Jeden Mittwoch gab es dann die gleichen Diskussionen. »Sollen wir besser mit dem Auto fahren?«, »Zu mir nach Hause fährt kein Bus mehr«, »Herr Polizist, Sie können das Taxi auch gern bezahlen« usw. In der Bar erzählte ich davon eigentlich nur, weil es eine ganz lustige Geschichte war. Aber beim Erzählen steigerte ich mich hinein. Haben die eigentlich nichts Besseres zu tun, als mitten in der Woche zur Nachtzeit Studenten auf dem Fahrrad zu jagen? Und das im beschau-

lichen Münster, wo andernorts Polizisten dringend gesucht werden?[24]

Eines der Mädchen aus unserer Gruppe erzählte daraufhin, dass sie mit einem Polizisten befreundet sei. Sie seien letztens zusammen in Neustadt gewesen. Der Parkautomat dort lasse es nicht zu, ein Ticket mit einer Gültigkeit von mehr als einer Stunde zu lösen. Da sie aber länger brauchen würden, habe ihr Polizistenfreund vorgeschlagen, gar kein Ticket zu lösen. Die Strafe für Parker ohne Ticket sei geringer, als wenn man ein Ticket kaufe und es anschließend überziehe. Das war mir neu. Ich holte sofort mein Handy heraus und notierte kryptisch: »Polizist in Neustadt kauft keinen Parkschein, weil das Überziehen teurer ist.« Der perfekte Einstieg für die Frage nach der Moral, dachte ich mir, und steckte das Handy wieder weg.

Ein paar Wochen später kam ich dann endlich dazu, die kleine Szene aufzuschreiben. Ich recherchierte noch einmal hinsichtlich der Strafen und stellte ernüchtert fest, dass etwas an der Geschichte meiner Bekannten nicht stimmen konnte. Für die Höhe des Bußgelds ist es nämlich völlig unerheblich, ob man ohne Parkschein geparkt oder die Höchstparkdauer überschritten hat. Es kommt dabei allein auf den Zeitraum an, in dem das Auto ohne (gültiges) Ticket in der Parkzone steht. Bei bis zu dreißig Minuten werden 10 Euro Strafe fällig, bei bis zu einer Stunde 15 Euro, bei bis zu zwei Stunden 20 Euro usw. Die Obergrenze liegt bei 30 Euro.[25]

Dann verstand ich plötzlich. Was der Polizist meinte, war nicht, dass die Strafen unterschiedlich hoch ausfallen, abhängig davon, ob man einen Parkschein kauft oder die Höchst-

parkdauer überschreitet. Was er eigentlich meinte, war, dass es viel schwieriger ist nachzuweisen, wie lange man dort schon unberechtigt parkt, wenn kein Parkschein im Auto liegt. Kommt die Kontrolleurin nach drei Stunden und sieht, dass der Parkschein schon über zwei Stunden abgelaufen ist, musst du 25 Euro Strafe zahlen. Hat man aber gar keinen Parkschein gekauft, kann sie einem nicht nachweisen, wie lange man dort schon steht. Sie stellt einen Strafzettel über 10 Euro aus und muss, um ein höheres Bußgeld zu verhängen, später noch einmal wiederkommen – wenn sie dann noch arbeitet. Sich den Parkschein von vornherein zu sparen, wenn man weiß, dass man überziehen wird, ist damit die bessere Variante. Ganz schön clever vom Polizisten.

Und was ist mit der Moral? Wir alle sind Spieler eines Gesellschaftsspiels, dessen Regeln vom Staat vorgegeben werden. Der Polizist in Münster kann sich nicht aussuchen, ob er die Studenten, die ein bisschen feiern waren und jetzt mit dem Fahrrad nach Hause unterwegs sind, zur Kasse bittet oder nicht. Auch wenn er es selbst ungerecht findet. Die Regeln, die in Deutschland Anwendung finden, sind nicht immer fair und nicht immer logisch.

In einem größeren Maßstab gibt es dafür ein paar gute Beispiele. So haben Beamte zum Beispiel schon nach fünf Jahren Dienstzeit einen Pensionsanspruch von mindestens 1573 Euro im Monat. Der normale Angestellte muss 45 Jahre arbeiten, um auf durchschnittlich 1224 Euro zu kommen.[26] Ist das fair? Die Rentenhöhe eines Angestellten mit Durchschnittsverdienst liegt bei maximal 48 Prozent seines Einkommens.[27] Das Ruhe-

gehalt eines Beamten hingegen liegt bei gut 71 Prozent des letzten Bruttogehalts.[28] Ist das logisch?

Seit dem Jahr 2001 gibt es keine staatlichen Leistungen mehr im Falle einer Berufsunfähigkeit.[29] Es gibt eine Erwerbsminderungsrente, die monatlich weniger als 800 Euro beträgt, wenn man nur noch bis zu drei Stunden am Tag arbeiten kann.[30] Was ist da mit der Moral?

Kapitalgesellschaften müssen in Europa auf ihre Gewinne Körperschaftssteuer zahlen. Die Höhe der Körperschaftssteuer ist in jedem Mitgliedsland verschieden. Gewichtet man die nationalen Marktanteile von Apple mit den unterschiedlichen Körperschaftssteuersätzen in Europa, kommt man auf einen durchschnittlichen Steuersatz in Höhe von 27 Prozent. Apple, eines der weltweit wertvollsten Unternehmen, zahlt nach eigenen Angaben für seine Auslandsgewinne aber nur durchschnittlich 2,8 Prozent Steuern.[31] Möglich wird dies durch das Steuerparadies Irland, in das Apple seit Jahren seine in Europa erwirtschafteten Gewinne verschiebt. Zur Erinnerung: In Deutschland zahlt ein Arbeitnehmer, der mehr als 54 058 Euro verdient, eine Lohnsteuer in Höhe von 42 Prozent.

All die Beispiele zeigen, wie unfair das Gesellschaftsspiel ist, das wir da spielen. Wir könnten jetzt natürlich einfach weiterspielen und hoffen, dass die Politik all die unfairen Regeln irgendwann ändern wird. Oder wir machen es wie der Polizist und fangen an, selbst nach Lücken im System zu suchen, die uns im Spiel nützlich sein könnten. Die Tipps, die wir hier in diesem Buch mit unseren Lesern teilen, sind das Ergebnis unserer Suche.

Tipp 5:

Lernen in der Schule lohnt sich nicht ... von wegen!

Eltern und Lehrer sagen gern, dass sich gute Noten in der Zukunft auszahlen. In Deutsch soll man Texte lesen, zusammenfassen und interpretieren können. In Kunst muss man schöne Bilder malen. In Sport besonders weit werfen. In Mathe fehlerlos die Kurvendiskussion beherrschen.

Niemand sagt dir, dass du für die Studienfächer, die dich vielleicht am meisten interessieren, überhaupt keine guten Noten brauchst. Wer in Deutschland Mathematik oder Physik studieren möchte, kann sich seine Uni frei auswählen. Wer Biologie oder Romanistik studieren möchte, bei dem ist der NC völlig egal. Wenn du also einer von denen bist, die einen tollen Abischnitt haben, gerade aber feststellst, dass du diesen überhaupt nicht brauchst, dann gibt es für dich eine schöne Möglichkeit, wie du trotzdem noch von all den Mühen der Schulzeit profitierst: Du verkaufst deinen Studienplatz.

Wer heute in Deutschland Jura studieren möchte, kann nicht einfach in die Stadt gehen, in der er gerne studieren will. Die Universität Düsseldorf verlangte für Jura im letzten Wintersemester einen Notenschnitt von mindestens 1,9;[32] die Uni Marburg hingegen gab sich auch mit einer 3,5 als Abinote zufrieden.[33] Wer also keine so guten Noten hat, muss entweder Wartezeiten von mehreren Jahren in Kauf nehmen oder notgedrungen an Unis gehen, wo der NC niedriger ist als an der Wunschuni. Viele Studenten haben dann die Hoffnung, wenigstens zum zweiten Semester dorthin zu wechseln, wo es sie eigentlich hinzieht. Der Studienplatztausch macht dies möglich. Aber mit wem sollen sie tauschen? Am besten mit dir!

Das größte Angebot zum Studienplatztausch hat *studien platztausch.de*. Leider ist es dort untersagt, dass man in der Anzeige ein Tauschhonorar verlangt. Hier ist also ein gewisses Fingerspitzengefühl gefragt. Alternativ kann man sich aber auch an den schwarzen Brettern der Universitäten umschauen. Dominik hat in der Mensa am Aasee mal ein Gebot über 5000 Euro für den Tausch eines Medizin-Studienplatzes von Gießen nach Münster gesehen.

Rechtlich ist es völlig unproblematisch für den Studienplatztausch Geld zu verlangen. Es gibt aber einige Universitäten, die dem Studienplatztausch nicht zustimmen, wenn ein Tauschhonorar vereinbart wird. Hier muss man sich also vorher auf den Websites der vom Tausch betroffenen Universitäten informieren.

Aber wie gehst du konkret vor, wenn du deinen Studienplatz tauschen möchtest? Hast du jemanden gefunden, der unbedingt an einer ganz bestimmten Uni ein zulassungsbeschränktes Fach, zum Beispiel Jura in Düsseldorf, studieren möchte, dann solltest du dich mit deinem guten NC in Düsseldorf für Jura bewerben. Dein zukünftiger Tauschpartner nimmt unterdessen ein Jurastudium in Marburg auf, wo sein schlechter Notenschnitt kein Hindernis darstellt.

Werdet ihr beide für das erste Semester zugelassen, könnt ihr direkt die entsprechenden Uni-spezifischen Tauschanträge ausfüllen. Die Uni Düsseldorf und die Uni Marburg haben beide nichts gegen Tauschhonorare einzuwenden. Dein Tauschpartner lässt sich dann von der Uni Marburg, an der er eigentlich gar nicht studieren will, exmatrikulieren und immatrikuliert sich an der Uni Düsseldorf, an der du den Studienplatz bekommen hast. Du machst spiegelverkehrt das Gleiche, lässt dich dann aber direkt wieder exmatrikulieren und schreibst dich anschließend für dein zulassungsfreies Wunschfach an deiner Wunschuni ein, zum Beispiel für Musikwissenschaft an der Uni Münster.[34]

Das Geld, das du durch den Tausch verdienst, musst du versteuern. Der Steuerfreibetrag liegt aktuell bei 8820 Euro,[35] weshalb du als Student vermutlich keine Steuern auf das Honorar zahlen wirst.

Und noch etwas: Nicht alle Universitäten gestatten den Tausch zum ersten Fachsemester. Der Tausch ist dann erst zum zweiten Fachsemester möglich. Für einen Tausch müssen die Tauschpartner sich im gleichen Fachsemester und auf dem gleichen Ausbildungsstand befinden. Für den Tausch zum zweiten Fachsemester müsstest du also die Prüfungen ablegen, die dich für das Studium im zweiten Fachsemester qualifizieren. Weil die gleichzeitige Einschreibung an zwei verschiedenen Unis in der Regel nicht möglich ist, bietet sich der Wechsel zum zweiten Fachsemester erst nach Abschluss des Studiums deines eigentlichen Wunschfachs gut an. Du bewirbst dich dann für ein anschließendes Zweitstudium, legst die Prüfungen des ersten Fachsemesters ab und tauschst dann den Studienplatz – vorausgesetzt, der Aufwand ist es dir wert.

Tipp 6:

Warum sich der Jobeinstieg in großen Unternehmen lohnt

Wenn man im Winter mit dem Auto durch die schmalen Straßen des Essener Südens fährt, fallen einem, meist vor besonders hell erleuchteten Häusern, immer wieder Auffahrten auf, auf denen kein Schnee liegt, während ringsherum alle Straßen und Häuser schneebedeckt sind. Wenn man Essen nicht kennt, wundert man sich darüber. Alle anderen wissen, dass unter diesen Auffahrten elektrische Bodenheizungen eingebaut sind, die dafür sorgen, dass der Schnee im Winter schmilzt. Die Bewohner der Häuser sind Angestellte von RWE, das seinen Unternehmenssitz in Essen hat. Viele der Angestellten dort haben selbst als Pensionäre noch Anspruch auf bis zu 16 000 Kilowattstunden Strom pro Jahr, für den sie nur einen Bruchteil des Marktpreises zahlen müssen. Zur besseren Einordnung: Eine Großfamilie kommt etwa mit 6000 Kilowattstunden Strom pro Jahr aus. Damit bleiben also noch viele Reserven für die Bodenheizung unter der Auffahrt.

Das ist aber nicht der einzige Vorteil, den ein großes Unternehmen mit sich bringen kann. Der allerwichtigste Pluspunkt, der es einem später viel leichter macht, weniger

zu arbeiten, ist, dass man in einem großen Unternehmen in der Regel von Anfang an mehr verdient. Das durchschnittliche Einstiegsgehalt für Berufseinsteiger mit akademischer Ausbildung, die ihren ersten Job in einem Unternehmen mit weniger als 500 Mitarbeitern beginnen, liegt bei etwa 43 000 Euro. Beginnt man stattdessen in einem Unternehmen mit über 1000 Angestellten, verdient man im Durchschnitt etwa 51 000 Euro, das heißt etwa 19 Prozent mehr als im kleineren Betrieb.[36]

Der kleinere Betrieb mag sicher andere Vorteile haben. Die Hierarchien sind flacher, und man bekommt schneller verantwortungsvolle Aufgaben übertragen. Für die 3-Tage-Woche ist das große Unternehmen aber interessanter. Es ist dort einfach leichter, die zwei Tage, an denen du nicht arbeitest, durch andere Mitarbeiter aufzufangen. Die Wahrscheinlichkeit, dass dein Antrag auf Teilzeittätigkeit bewilligt wird, ist größer. Und wer von Anfang an 19 Prozent mehr verdient, kann auch leichter auf 20 Prozent seines Lohns verzichten, um zumindest schon mal einen Tag in der Woche weniger zu arbeiten.

Der StepStone Gehaltsreport zeigt, dass der Lohnunterschied auch noch nach ein paar Jahren erhalten bleibt. In Unternehmen mit über tausend Mitarbeitern verdienen Fach- und Führungskräfte generell durchschnittlich 10 Prozent mehr[37].

Tipp 7:
Cashback

In diesem Tipp werden die Namen ziemlich vieler Unternehmen fallen. Dies hat allein etwas mit unseren persönlichen Erfahrungen zu tun. Wir stehen in keiner Weise mit diesen Unternehmen in Verbindung und machen auch keine Werbung. Es geht allein darum, einen guten Tipp zu geben, wie du durch diese Unternehmen Geld sparen kannst. Jetzt also zum eigentlichen Tipp:

Die Payback GmbH macht seit dem Jahr 2000 die Deutschen zu gläsernen Konsumenten. Bist du Berufspendler? Wie häufig wechselst du das Shampoo? Kaufst du auch manchmal etwas, das du eigentlich gar nicht vorhattest zu kaufen? Ort und Zeitpunkt des Kaufs, Preis, Produkt – all diese Informationen teilen wir mit einem privatwirtschaftlichen Unternehmen, sobald wir eine Payback-Karte benutzen. 29 Millionen Menschen tun genau dies regelmäßig in Deutschland.[38] Die Partnerfirmen von Payback können auf diese Informationen zugreifen und damit zum Beispiel den Erfolg von Werbeaktionen messen oder neue Werbestrategien entwickeln. Du als Kunde wirst durch die Karte an die Partnerfirmen von Payback gebunden: Nur, wenn du bei Aral tankst, kannst du auch Punkte sammeln.

Aber was hast du als Kunde davon, deine Daten preiszugeben? Für zwei Euro Umsatz bekommst du in der Regel einen Payback-Punkt. Die Punkte kannst du gegen Sachprämien oder Einkaufsgutscheine einlösen. Für hundert Payback-Punkte bekommst du einen 1-Euro-Gutscheinwert.[39] Übersetzt heißt das also, dass dir deine Daten einen Rabatt von ungefähr 0,5 Prozent wert sind. Bei einem Einkauf im Wert von 100 Euro also 50 Cent.

Payback-Punkte kannst du auch online sammeln.[40] Das solltest du aber unbedingt vermeiden. Wenn du deine Daten schon verkaufst, dann verkaufe sie so teuer wie möglich. Payback zahlt für Daten nämlich nur Dumpingpreise. Andere Anbieter wie shoop.de oder andasa.de greifen da schon tiefer in die Tasche. Wenn du dir über Shoop zum Beispiel auf conrad.de einen neuen Computer kaufst, überweist dir Shoop 5 Prozent des Netto-Einkaufswerts auf dein Girokonto.[41] Der Discount ist demnach etwa zehnmal so hoch wie bei Payback.[42] Kaufst du Kleidung bei Zalando, bekommst du 4 Prozent des Einkaufswerts,[43] also immer noch achtmal so viel, als du bei Payback bekommen würdest.[44]

Anbieter wie Shoop oder Andasa nennen sich Cashback-Portale. Man meldet sich dort online an und muss seine Kontodaten hinterlegen. Wenn du anschließend online einkaufst, machst du alles wie bisher: Du googelst nach dem Objekt deiner Begierde und benutzt dann Preisvergleichsportale wie idealo.de oder geizhals.de, um die günstigsten Online-Händler aufzutun. Statt dort direkt zu bestellen, loggst du dich zuerst in dein Cashback-Portal ein. Dort kannst du dann nach dem Online-Händler suchen, bei dem du einkaufen möchtest. Taucht der Händler in deinem Cashback-Portal auf, klickst du dort auf den Link, der dich zum Online-Händler weiterleitet. Kaufst du dort den Artikel, überweist dir das Cashback-Portal den entsprechenden Discount auf dein Girokonto. Du bekommst also Geld überwiesen, nicht nur einen Einkaufsgutschein wie bei Payback. Shoop arbeitet mit über 2000 Online-Shops[45] zusammen. Payback hat gerade einmal 600 Online-Kooperationen.[46] Tauschst du später die bestellte Ware um, kann es sogar dazu kommen, dass der überwiesene Discount nicht wieder eingezogen wird. Leicht verdientes Geld also, wenn deine Daten dir es wert sind.

Das Cashback-Modell kannst du nicht nur bei physischen Waren, sondern auch bei Dienstleistungen aller Art anwenden. Du suchst dir das günstigste Hotel über trivago.de, den besten Flug über kayak.de oder skyscanner.de, den günstigsten Stromvertrag über Verivox, kaufst dann aber nicht direkt, sondern klickst dich über dein Cashback-Portal zum entsprechenden Reiseanbieter, Stromanbieter etc.

Und für diejenigen von euch, die nicht nur Geld im Sinn haben, sondern auch etwas Gutes tun wollen, bieten die Cashback-Portale auch die Möglichkeit an, das von ihnen gezahlte Geld an soziale Einrichtungen deiner Wahl zu spenden. Shoop arbeitet dabei mit betterplace.org zusammen, Deutschlands größter gemeinnütziger Online-Spendenplattform.[47] Betterplace stellt dir dann eine Spendenquittung aus, damit du deine Spende auch von der Steuer absetzen kannst.[48]

Seit dem 11. November 2016 bietet übrigens auch Amazon eine ähnliche Möglichkeit an. Kauft man statt auf amazon.de auf der exakten Kopie der Seite unter smile.amazon.de ein Produkt, zahlt Amazon 0,5 Prozent der Einkaufssumme an soziale Einrichtungen.[49] Die Produktauswahl und die Preise unterscheiden sich dabei nicht von der gewöhnlichen Amazon-Website.[50] Da bei den Cashback-Portalen die mögliche Spende aber bis zu zehnmal höher ausfällt als bei Amazon und zusätzlich auch noch eine Spendenquittung ausgestellt wird, sollte man besser den Weg über die Cashback-Portale wählen.

Und noch ein praktischer Tipp zum Online-Shopping: Der Grund, warum viele Leute mittlerweile online einkaufen, ist nicht immer der Preis. Der viel wichtigere Grund lautet: Weil es bequem ist. Es fällt leicht, das zu finden, was man gerade sucht. Man ist nicht auf Öffnungszeiten angewiesen. Man muss nicht in die Stadt fahren und steht nirgendwo Schlange. Es gibt aber eine Sache, die am Online-Einkauf extrem nervig ist: Das Paket kommt immer dann an, wenn man nicht zu Hause ist. Wenn man endlich Zeit hat, zur Post zu gehen, ist das meistens dann, wenn alle anderen auch Zeit haben. Man steht also doch wieder Schlange. Wenn man das Bestellte wieder umtauschen möchte, durchläuft man das Ganze ein zweites Mal.

Um das zu vermeiden, solltest du entweder ganz schnell nur noch drei Tage die Woche arbeiten — montags um 11 Uhr ist es bei der Post ziemlich leer —, oder du meldest dich bei DHL, DPD, Hermes oder UPS als registrierter Nutzer an. In dem Fall besteht nämlich die Möglichkeit, sich die Lieferung an einem *Wunschtag*[51] zustellen zu lassen. Bei DHL kannst du dir sogar den Samstag aussuchen. Wenn du bei Lieferung gar nicht unbedingt zu Hause sein willst, kannst du auch über die Option *Wunschort*[52] eine Stelle angeben, wo der Postbote das Pakete ablegen darf. Das könnte dann die Terrasse oder der Schuppen hinterm Haus sein.

Und wie sparst du dir den Weg zur Post, wenn du Ware zurückschicken möchtest? Die wenigsten wissen, dass Paketdienste in der Regel Retouren bei der Lieferung neuer Pakete wieder mitnehmen. Man sollte also einfach seinen

Paketboten ansprechen, wenn man etwas zurückgeben möchte. Hat man einen Wunschort für eine Lieferung angegeben, kann man dort auch ein Paket hinterlassen, das man zurückschicken möchte. Mit einer netten Nachricht und etwas Glück nimmt der Bote bei Auslieferung das alte Paket direkt wieder mit. Hat man keine Terrasse oder traut seinen Nachbarn nicht so recht, kann man sich bei Amazon-Lieferungen, die man zurücksenden möchte, den Hermes-Boten am Folgetag sogar eigens zum Abholen kommen lassen. Die Kosten dafür trägt Amazon.

Tipp 8:

Investiere dein Geld mal in etwas anderes

In Deutschland gibt es über 2000 Wohnungsbaugenossenschaften,[53] die zum Teil im heutigen Niedrigzinsumfeld ganz erstaunliche Dividenden zahlen.

Nehmen wir als Beispiel die Landeshauptstadt Wiesbaden. Wiesbaden gehört zur Metropolregion Frankfurt/ Rhein-Main und ist gemäß Bruttoinlandsprodukt pro Erwerbstätigen eine der wohlhabendsten Städte Deutschlands.[54] Neben der hessischen Landesregierung und dem Kurbetrieb bieten hier vor allem Unternehmen aus der Finanzdienstleistung und der verarbeitenden Industrie gut bezahlte Jobs.[55] Seit 2014 sind die Mieten in Wiesbaden um 13 Prozent gestiegen und liegen gemäß Mietspiegel bei 10,60 Euro pro Quadratmeter und damit weit über dem Bundesdurchschnitt.[56] Dies gilt jedoch nicht für Mitglieder der Gemeinnützigen Bau- und Siedlungs-Genossenschaft Wiesbaden 1950 eG, die im Durchschnitt nur etwa 6,70 Euro pro Quadratmeter Miete zahlen.[57]

Die Genossenschaft gibt es seit über sechzig Jahren,[58] sie ist ein grundsolides Unternehmen im Besitz ihrer Mitglieder. Und das Beste: Man muss dort selbst gar nicht Mieter sein, jeder in Deutschland kann Mitglied werden. Dafür muss man nicht viel tun. Per E-Mail kann man die Mitgliedschaft beantragen und einen Genossenschaftsanteil im Wert von 160 Euro erwerben. Die Genossenschaft verlangt dafür einmalig 15 Euro als »Eintrittsgeld«.[59] Dieser erste Anteil wird dann mit stolzen 4 Prozent »verzinst«.[60] Es muss aber nicht bei diesem einen Anteil bleiben. Bis zu 50 Anteile kann man erwerben, die dann alle mit 4 Prozent verzinst werden, insgesamt ist also eine Gesamteinlage von bis zu 50 × 160 € = 8000 € möglich.

Die hohe Dividende geht mit einem erhöhten Risiko einher. Der Bauverein könnte pleitegehen. Im schlimmsten Fall verlierst du also dein gesamtes so investiertes Geld. Beim Wiesbadener Bauverein ist dieses Extremszenario jedoch äußerst unwahrscheinlich. Ein Blick auf die Bilanz zeigt, warum. Das Eigenkapital macht 38 Prozent der Bilanzsumme aus.[61] Das bedeutet, dass sämtlichen Werten, die sich im Besitz des Bauvereins befinden (Wohnungen, Mietforderungen, Barvermögen etc.) 62 Prozent Verbindlichkeiten (gegenüber Kreditinstituten, Mitgliedern etc.) gegenüberstehen. Dabei sind sämtliche Wohnungen in der Bilanz mit ihren Anschaffungskosten beziehungsweise Herstellungskosten bewertet.[62] Allein seit 2011 sind Immobilien in Wiesbaden um 78 Prozent an Wert gestiegen.[63] Der tatsächliche Marktwert der Wohnungen im Besitz des Bauvereins ist inzwischen also deutlich höher. Gleichzeitig bieten die geringen Mieten, welche der Bauverein verlangt, im Falle einer finanziellen Schieflage auch noch Luft nach oben.

Das Beispiel der Gemeinnützigen Bau- und Siedlungsgenossenschaft Wiesbaden soll dir als gute Alternative zur
Geldanlage abseits von klassischen Ratschlägen wie Aktien-
fonds und Goldbeimischung dienen. In Deutschland gibt
es zahlreiche Genossenschaften wie in Wiesbaden. Der Er-
werb von Anteilen an Wohnungsbaugenossenschaften ist
im Moment attraktiv und gleichzeitig kaum bekannt.

Warum wir für die Rente aufkommen sollen?

Eine Arbeitskollegin von mir, die Ende zwanzig ist, hat mich Anfang letzten Jahres gefragt, ob ich sie auf ein mehrtägiges Schreibseminar der Volkshochschule begleite. Ich war anfangs ziemlich skeptisch, weil ich die Volkshochschule von meiner Kindheit her immer noch mit Schreibmaschinenkurs und Flötenunterricht in Verbindung brachte. Lara erklärte mir, dass die Tagungsstätte der Volkshochschule wunderschön direkt am See liege und wir auch einfach so dort Zeit verbringen könnten, falls die Kurse nichts für uns wären. Ich sagte zu.

Das erste Treffen fand in der Bibliothek im ausgebauten Dachboden des Hauses statt. Meine Vorurteile wurden alle sofort bestätigt. Meine Arbeitskollegin und ich waren mit Abstand die jüngsten Teilnehmer. Der älteste Teilnehmer war Franz (neben mir der einzige Mann). Er war 76 Jahre alt und schrieb an seinen Memoiren, in denen es hauptsächlich um seinen Hund Flipper ging. Die große Mehrzahl bildeten aber Frauen zwischen 40 und 65 Jahren; manche waren Hausfrauen, die meisten arbeiteten in Teilzeit.

Die erste Aufgabe bestand darin, in drei Sätzen unsere Idee für ein Buch aufzuschreiben, an dem wir gerne arbeiten würden. Die Sätze wurden dann reihum vorgelesen:

»*Patrizia verliert ihre Kreditkarte im Taxi zum Flughafen. Als sie eine Woche später nach Deutschland zurückkehrt, sieht sie die ungewöhnlichen Einkäufe des vermeintlichen Finders: eine Heißluftballonfahrt, eine Spende und der Kinobesuch in diesem französischen Film, den sie schon die ganze Zeit sehen wollte. Wer war dieser Mann?*«

»*Nach einem erfüllten Leben verkauft der ehemalige Pilot Wilhelm Haus und Auto, um mit seinem Hund Flipper in ein Boot an die Nordsee zu ziehen. Er denkt über sein altes Leben nach und fängt gleichzeitig eine Affäre mit der Fischverkäuferin vom Wochenmarkt an. Um die Dinge nicht zu verkomplizieren, wollen sie beide nur unverbindlichen Sex.*«

Dann war ich an der Reihe. Ich ging mit meinem Zettel nach vorne, steckte ihn an die Korkwand und las:

»*Einem Jungen fällt ein Buch in die Hände, das er zunächst widerwillig zu lesen beginnt. In dem Buch geht es um die Lebensgeschichte eines jungen Mädchens. Als er sich beim Lesen nach und nach in das Mädchen verliebt, bricht das Buch unvermittelt ab, weshalb er sich verzweifelt aufmacht, mehr über die Geschichte und die Autorin herauszufinden.*« .

Bald verstanden wir uns in der Gruppe gut. Wir teilten unsere Ideen, mochten sie auch noch so abstrus sein. Die meisten Ideen, über die wir während des Seminars sprachen, würden nie zu Romanen werden. Aber das war egal. Wir genossen es, Gleichgesinnte gefunden zu haben, die sich alle für das Schreiben interessierten. Das Alter spielte keine große Rolle mehr.

Aus den paar gemeinsamen Tagen ist dann in kleinerer Runde ein regelmäßiges Treffen geworden. Wir lesen uns gegen-

seitig aus Kurzgeschichten vor, gehen auf Poetry Slams und schreiben manchmal auch selbst etwas, das wir in der Gruppe teilen.

Sylvia, 47 Jahre alt, ist Musiklehrerin. Sie arbeitet zwanzig Stunden in der Woche. Ingrid, 62 Jahre alt, ist Modedesignerin. Sie arbeitet 16 Stunden in der Woche. Lara, meine Arbeitskollegin, hat gerade auf 80 Prozent reduziert (ihre Mutter war davon nicht so begeistert, was später im Buch noch mal Thema sein wird). Unsere Gruppe hat sogar ihren eigenen Namen. Wir nennen uns »WortVerweher« (die erste WhatsApp-Gruppe, in der Ingrid jemals war).

Mittlerweile kennen wir uns gegenseitig ziemlich gut. Umso erstaunter war ich neulich, als ich zum Treffen etwas Selbstgeschriebenes mitbrachte, das ich vorlesen wollte. Es war die Einleitung zu diesem Buch. Ich hatte lange an ihr gearbeitet, hatte Freunde in meinem Alter nach ihrer Meinung gefragt und immer wieder Änderungen vorgenommen. Als ich die Einleitung dann zum Treffen mitbrachte, war ich ziemlich zufrieden mit dem Text. Viele Freunde von mir hatten gesagt, dass sie sich darin wiederfänden.

Ich fing an zu lesen:

»Träumst du auch von einer verkürzten Arbeitswoche mit einem langen Wochenende für die schönen Dinge des Lebens ...«

Ein Schmunzeln. Danach nur noch Schweigen. Und je länger ich las, desto unruhiger schienen sie zu werden.

»... Und selbst für diejenigen, die gerne arbeiten, steht fest: Fünf Tage die Woche ist verdammt viel. Drei Tage würden auch völlig ausreichen. Und wir? Wir sind plötzlich ein Teil dieser Arbeitswelt. Uns wird klar: Die ganze Zeit waren wir so damit beschäftigt, den hohen Ansprüchen der Unternehmen zu genügen, dass wir dabei ganz vergessen haben, uns mit der eigentlichen Frage auseinanderzusetzen: Was ist es, das wir mit unserem Leben anfangen möchten, und welche Rolle soll unser Job darin spielen? Wie viel Zeit wollen wir in unserem Leben der Arbeit widmen?« »Elias«, unterbrach Sylvia mich, »wie viele Leute haben das denn schon gelesen?«

Ich ließ die Blätter sinken. »Lara hat es schon gelesen. Und vielleicht noch sieben Freunde.«

Ingrid und Sylvia schauten sich an. »Das kannst du nicht schreiben. Ich finde das ganz schrecklich.«

»Schrecklich?«, fragte ich. »Wieso denn?«

»Du kannst doch nicht mit dreißig Jahren Leute dazu aufrufen, nur noch drei Tage zu arbeiten. Ich finde das schlimm. Die Arbeit sollte euch doch Spaß machen«, sagte Sylvia.

»Das wäre natürlich klasse«, antwortete ich. »Aber das ist auch ein bisschen unrealistisch, oder? Was glaubst du denn, wie vielen Leuten ihre Arbeit wirklich Spaß macht?«

Sylvia lachte auf. »Das meinst du wirklich ernst, oder?«

»Ja«, antwortete ich. »Sag doch, macht dir deine Arbeit Spaß?«

»Oh, mein Gott«, sagte Sylvia und lachte wieder auf. »Mir hat meine Arbeit mein ganzes Leben lang Spaß gemacht. Ich habe immer nur die Dinge gemacht, auf die ich Lust hatte. Wenn man nicht zufrieden ist, muss man den Job eben wechseln.«

Lara, die meinen Text schon kannte, mischte sich jetzt ein. »Und das ist so einfach, oder wie? Es geht unzähligen Freunden von mir so wie in Elias' Text. Die sind nicht alle unglück-

lich. Sie sind aber auch nicht total glücklich darüber. Es ist oft nur ein Beruf, den sie ausüben, um Geld zu verdienen. Und da hilft es auch nicht, einfach den Job zu wechseln. Entweder ergeht es dir im neuen Job genauso, oder du verdienst nur die Hälfte.«

»Doch noch jemand auf meiner Seite«, sagte ich und grinste.

»Ingrid! Sag du jetzt auch mal was«, sagte Sylvia und griff nach ihrem Glas Wein. »Was sagst du denn dazu?«

Ingrid blickte zwischen mir und Sylvia hin und her. »Erst mal freue ich mich, dass es heute so lebhaft zugeht. Fast wie bei Anne Will.« Alle lachten. »Wir hätten uns das früher in der Modebranche überhaupt nicht getraut. Die Chefs arbeiteten viel. Und wir mussten auch erst mal lange und viel arbeiten, um überhaupt für voll genommen zu werden. Aber vielleicht sind das tatsächlich andere Zeiten heute.«

»Gerade in diese Zeiten passt das doch überhaupt nicht rein«, sagte Sylvia. »Immer geringere Rente. Demographischer Wandel. Und ihr wollt nur noch drei Tage arbeiten. Was, wenn das alle so machen wie in deinem Text? Wer soll unsere Rente dann überhaupt noch bezahlen? Wir haben doch auch unser ganzes Leben gearbeitet.«

Dann verstand ich es plötzlich. Ingrid und Sylvia verstanden schon, dass viele Menschen in ihren Jobs nicht hundertprozentig glücklich sind. Sylvia erzählte uns nachher auch noch von ihrem Mann, der als Ingenieur das meiste Geld nach Hause bringt, so dass für sie auch ein Teilzeitjob ausreicht. Worauf sie beide aber allergisch reagierten, war, dass ich vorschlug, einfach weniger zu arbeiten. Das war in ihren Augen unfair, weil sie ihr ganzes Leben ja auch gearbeitet hatten.

Wir, also die jüngere Generation, schuldeten ihnen das sozusagen.

Und sie haben im Prinzip sogar recht. In Deutschland gibt es einen unausgesprochenen Vertrag zwischen den Generationen. Unter Konrad Adenauer wurde 1957 die gesetzliche Rentenversicherung von einem kapitalgedeckten System zu einem Umlageverfahren umgebaut.[64] In vielen anderen Ländern gibt es immer noch kapitalgedeckte Systeme. Jede Generation ist selbst dafür verantwortlich, während des Arbeitslebens genug Gelder zurückzulegen, um daraus im Alter die eigene Rente finanzieren zu können, etwa in Australien, Schweden, Neuseeland.[65] In all diesen Ländern gibt es milliardenschwere Fonds, die versuchen, die Gelder ganzer Generationen gewinnbringend anzulegen, denn aus ihnen müssen die Renten bezahlt werden, sobald die Fondsanleger ins Rentenalter eintreten.

In Deutschland werden keine solchen Kapitalvermögen gebildet. Hier gilt der sogenannte Generationenvertrag.[66] Wenn man als Arbeitnehmer am Monatsende etwas in die Rentenkasse einzahlt, wird dieses Geld direkt wieder entnommen, um den heutigen Ruheständlern ihre Rente zu überweisen. Die Arbeitnehmer verlassen sich ihrerseits darauf, dass ihre Rente dann von der nachkommenden Generation erwirtschaftet wird. Kein Wunder also, dass Sylvia und Ingrid genervt von meinem Text waren. Wenn heute plötzlich alle 30-Jährigen nur noch drei Tage die Woche arbeiten, dann kommt das einem Vertragsbruch gleich, einem Bruch des Generationenvertrags. Aber wie fair ist dieser Vertrag eigentlich?

Die Menschen leben heute länger und bleiben länger gesund. Dies steht im direkten Kontrast zu dem in Deutschland typischen Renteneintrittsalter, das durch die Ausweitung der Frühverrentungs- und Vorruhestandsmöglichkeiten seit den 1970er Jahren mehrere Jahre unterhalb der 65-Jahre-Marke liegt.[67] *Heute geht der männliche Durchschnittsrentner mit 64 Jahren in Rente, also ein Jahr früher, als es noch 1970 der Fall war, und darf erwarten, noch 18,5 Jahre zu leben. 1970 lag die zu erwartende Rentenbezugszeit nur bei etwa 12 Jahren.*[68] *Die direkte Folge dieser Entwicklung sind steigende Kosten für die Alterssicherung. Seit 1970 ist der Beitragssatz zur*

Rentenversicherung von 17,0 Prozent[69] auf 18,7 Prozent[70] gestiegen. Bis 2030 wird der Beitragssatz voraussichtlich um weitere 18 Prozent auf dann bis zu 22 Prozent des Bruttolohns ansteigen,[71] wie Vorausberechnungen der Regierung zeigen. 1960 kamen auf einen Altersrentner sechs Arbeitnehmer. 1970 waren es noch vier. Heute kommen auf einen Rentner noch zwei Arbeitnehmer.[72]

Und die Entwicklung reißt nicht ab. Seit den 1970er Jahren sind die Geburtenraten in Deutschland recht konstant bei 1,4 bis 1,5 Kindern, die pro Frau geboren werden.[73] Die Kindergeneration ist dadurch automatisch immer etwa ein Drittel kleiner als die jeweilige Elterngeneration. Für unsere Generation wird es also sehr teuer, unsere Seite des Vertrags einzuhalten.

Und trotzdem steigen die Renten. Am 1. Juli 2016 kam es zur größten Rentenerhöhung seit mehr als 20 Jahren: die Renten im Westen wurden um 4,25 Prozent und im Osten um fast 6 Prozent erhöht.[74] Die Renten entwickeln sich in der Regel proportional zu den Löhnen. Je höher die Lohnentwicklung ausfällt, desto stärker steigt auch die Rente. Das geht allerdings nur in eine Richtung. Die sogenannte Schutzklausel in der Rentenanpassungsformel bewirkt, dass die Renten nicht sinken können.[75]

Seit 2003 wird auch die oben beschriebene demographische Entwicklung bei der Rentenerhöhung berücksichtigt.[76] Der sogenannte Nachhaltigkeitsfaktor bezieht das Verhältnis zwischen Rentnern und Beitragszahlern mit ein. Verschlechtert sich aufgrund der alternden Bevölkerung dieses Verhältnis von Jahr zu Jahr, müsste die Rente entsprechend gekürzt werden. Dies passiert aber nicht. Die Schutzklausel verhindert dies.[77] Der Nachhaltigkeitsfaktor sorgt lediglich dafür, dass die Renten nicht ganz so stark steigen wie die Löhne. Der Nachhaltigkeitsfaktor kann also de facto zu keiner Senkung der Renten führen, sondern bewirkt lediglich, dass die Renten nicht mehr allzu stark steigen.

Im Juli 2016 führte neben der starken Lohnentwicklung paradoxerweise auch der Nachhaltigkeitsfaktor zu einer besonders hohen Rentensteigerung. Durch die extrem gute Beschäftigungslage in Deutschland hatte sich im Juli 2016 das Verhältnis zwischen Rentnern und Beitragszahlern im Vergleich zum Vorjahr verbessert. Die Renten wurden daraufhin aufgrund des Nachhaltigkeitsfaktors stärker angepasst, als sich die Löhne entwickelt haben. Führt in den kommenden Jahren der demographische Wandel zu einer Verschlechterung des Verhältnisses, können die Renten aber nicht mehr gesenkt werden. Bestandsrenten in Deutschland können nicht sinken.

Und dies wird voraussichtlich auch so bleiben. Die Gruppe der über 60-Jährigen stellt heute ungefähr 35 Prozent der Wahlberechtigten. Die von der großen Koalition eingeführte Rente mit 63 und die Erhöhung der Mütterrente für 10 Milliarden Euro jährlich verwundert da eigentlich nicht. Bis 2040 steigt der Anteil der über 60-jährigen Wahlberechtigten weiter auf ungefähr 45 Prozent. 30 Prozent der Wahlberechtigten werden dann über 70 Jahre alt sein.[78]

2040 bin ich 55 Jahre alt. Was haben also ich und die Generationen nach mir von diesem Generationenvertrag zu erwarten? Um die hohen Bestandsrenten über die verlängerte

Rentenbezugszeit (von 12 Jahren 1970 auf 18,5 Jahre heute) bezahlen zu können, müssen die Beitragssätze massiv erhöht werden. Ich werde zu der Generation gehören, die mit Abstand am meisten in die Rentenkasse eingezahlt haben wird. Um als Volkswirtschaft langfristig wettbewerbsfähig zu bleiben und um die Generation nach mir nicht noch weiter zu belasten, muss das Rentenniveau für meine Generation erheblich abgesenkt[79] und das Renteneintrittsalter nach hinten verschoben werden.[80]

Ein ziemlich schlechter Vertrag also, der den jungen Generationen da aufgezwungen wird. Wer sich also dazu entschließt – und wenn er auch erst dreißig Jahre alt ist –, weniger zu arbeiten, der sollte sich kein schlechtes Gewissen einreden lassen. Unsere Zukunft ist ungewiss. Unsere Renten noch ungewisser.

Tipp 9:

Lass dir deine Versicherungs- beiträge vom Staat finanzieren

Sobald das Einkommen eines Arbeitnehmers die Versiche- rungspflichtgrenze in Höhe von aktuell 57 600 Euro[81] überschreitet, kann er grundsätzlich von der gesetzlichen in die private Krankenversicherung wechseln.[82] Darüber hinaus ergibt sich aber noch eine weitere, kaum bekannte Möglichkeit: Der Staat erlaubt es dir jetzt, unabhängig davon, ob du dich privat versichern lässt oder weiterhin frei- willig in der gesetzlichen Versicherung bleibst, die Kranken- versicherungsbeiträge bis zu zweieinhalb Jahre im Voraus zu zahlen.[83]

Sobald du die Schallmauer von 57 600 Euro jährlich durchbrichst, zahlst du erst einmal ganz normal deine Krankenversicherungsbeiträge von deinem Bruttogehalt auf monatlicher Basis. Im Dezember änderst du dies aber. Falls du es dir leisten kannst und du gerade das Geld übrig hast, teilst du deiner Krankenkasse telefonisch oder schrift- lich mit, dass du im Dezember auf einen Schlag zusätzlich zum Dezemberbeitrag zwölf weitere Monatsbeiträge im Voraus zahlen möchtest.

Bei einem Gehalt in Höhe von 57 600 Euro verlangt die

gesetzliche Krankenversicherung von dir den Höchstbeitrag von monatlich rund 683 Euro (bei einem Zusatzbeitrag in Höhe von 1,1 Prozent).[84] Für deine Pflegeversicherung zahlst du 111 Euro (wenn du Kinder hast, ist der Beitrag etwas geringer).[85] Von diesen 683 € + 111 € = 794 € zahlt der Arbeitgeber 373 Euro. Somit musst du im Dezember neben der gewöhnlichen Monatszahlung zusätzlich 794 € × 12 = 9528 € deiner Krankenkasse überweisen. Das ist eine Menge Geld, doch ziehst du daraus zwei große Vorteile:

Der erste Vorteil ist, dass du durch die zusätzlich gezahlten Kranken- und Pflegeversicherungsbeiträge 9528 Euro vorgezogene Kosten hast, die du als Sonderausgaben für Vorsorgeaufwendungen absetzen kannst. Anders als andere Vorsorgeaufwendungen (wie zum Beispiel Beiträge zur Arbeitslosenversicherung oder Berufsunfähigkeitsversicherung), die nur bis zu einer Höhe von insgesamt 1900 Euro steuerlich absetzbar sind, können Krankenversicherungsbeiträge unbegrenzt abgesetzt werden.[86]

Bei einem Jahresgehalt in Höhe der Versicherungspflichtgrenze von 57 600 Euro würde sich dein zu versteuerndes Einkommen auf 57 600 € − 9528 € = 48 072 € reduzieren. Das Finanzamt müsste dir dann für dieses Jahr 3057 Euro zu viel gezahlte Steuern zurückerstatten.[87] Da du deine Steuererklärung aber wieder erst vier Jahre später einreichst, muss das Finanzamt dir diese Schuld ebenfalls mit 4 Prozent verzinsen (vgl. Tipp 2).

Der zweite Vorteil betrifft deine Beiträge zur Arbeitslosenversicherung. Der Staat ermöglicht es dir, jedes Jahr bis zu 1900 Euro für gezahlte Vorsorgeaufwendungen ab-

zusetzen. Dazu zählt auch der Beitrag zur Arbeitslosenversicherung. Ärgerlich scheint auf den ersten Blick nur,
dass die 1900 Euro jedes Jahr schon vollständig durch die
Beiträge zur Krankenversicherung ausgeschöpft werden.
Die gute Nachricht: Nicht für dich! Du musst für das be-
treffende Jahr ja keine Krankenversicherungsbeiträge mehr
zahlen, weil du sie schon Ende des vorhergehenden Jahres
für ein Jahr im Voraus gezahlt hast. Die 1900 Euro kannst
du also voll nutzen, um einen Teil deiner gezahlten Beiträge
für die Arbeitslosenversicherung zurückzubekommen. Bei
einem Jahresgehalt in Höhe von 57 600 Euro fallen jährlich
$3\% \times 57\,600\,€ = 1728\,€$ Beiträge zur Arbeitslosenversicherung an. Die Hälfte davon zahlt der Arbeitgeber. Die andere
Hälfte kannst du jetzt als Vorsorgeaufwendung absetzen.
Und weil du damit die 1900 Euro, die der Staat dir gestat-
tet, noch nicht voll ausschöpfst, kannst du zusätzlich noch
einen Teil deiner Beiträge zur Berufsunfähigkeitsversicherung
absetzen, falls du eine solche Versicherung abgeschlossen
hast.

Der Tipp funktioniert für zwei von drei Jahren. Und
noch etwas: Zahlt man in der privaten Krankenversicherung
seine Beiträge ein Jahr im Voraus, bekommt man in der
Regel einen Nachlass von 4 Prozent.[88]

Für Beamte lohnt sich dieser Tipp übrigens auch. Beamte
müssen zwar nicht in die Arbeitslosenversicherung einzahlen, sie können aber eine zusätzliche private Dienstunfähig-
keitsversicherung abschließen. Diese Beiträge können sie
mit dem Tipp absetzen. Damit schöpfen sie in der Regel die
1900 Euro noch nicht voll aus, weshalb es sich lohnt, mit

einem Nicht-Beamten verheiratet zu sein. Zahlen beide ihre Versicherungsbeiträge wie beschrieben ein Jahr im Voraus, kann der nicht verbeamtete Partner den doppelten Betrag, also bis zu 2 × 1900 € = 3800 € für gezahlte Vorsorgeaufwendungen absetzen.

Tipp 10:

Was ist dein ganz persönliches Risiko?

Die Berufsunfähigkeitsversicherung ist wichtig. Leider gehört sie zu den sehr teuren Policen, weshalb sich viele hier häufig unzureichend absichern, um sich die hohen Beiträge zu sparen.

Ein 28-jähriger Controller zahlt für eine sehr gute BU-Versicherung, die bei Berufsunfähigkeit bis zum 67. Lebensjahr 2000 Euro monatlich auszahlt, eine monatliche Prämie in Höhe von etwa 100 Euro.[89] Das ist ein jährlicher Beitrag von 100 € × 12 = 1200 €.

Es gibt eine Möglichkeit, diesen vergleichsweise hohen Beitrag etwas zu reduzieren, auf die Versicherungsmakler nur sehr selten aufmerksam machen: Man kann bei BU-Verträgen die Versicherungsdauer von der Leistungsdauer trennen.

Konkret könnte man seine BU-Versicherung so abschließen, dass sie nur dann auszahlt, wenn man bis zum Alter von sechzig Jahren von einem Arzt berufsunfähig geschrieben wird. Die Versicherung soll in diesem Fall 2000 Euro bis zum Renteneintrittsalter mit 67 Jahren auszahlen. Wird man aber erst jenseits der sechzig berufsunfähig, ist die Versicherung ausgelaufen und muss nicht mehr zahlen.

Die Wahrscheinlichkeit, berufsunfähig zu werden, steigt mit dem Alter. Zwischen 60 und 67 ist die Wahrscheinlichkeit besonders hoch. Wenn du diesen Zeitraum nicht absicherst, wird die Versicherung günstiger. Für einen 28-Jährigen würde sich dadurch der monatliche Versicherungsbeitrag von etwa 100 Euro auf 90 Euro reduzieren. Das Kalkül dabei ist, dass du bis zum Alter von 60 genug finanzielle Rücklagen gebildet hast, um bei erstmaliger Berufsunfähigkeit im Alter zwischen 60 und 67 die Zeit bis zur Rente eigenständig überbrücken zu können. Dafür

brauchst du dann keine Versicherung mehr. Wenn dir aber morgen etwas passiert (also in jungen Jahren), kannst du dich auf Zahlungen deiner Versicherung bis zum Alter von 67 verlassen.

Generell musst du dich bei Versicherungen immer konkret fragen, was dein ganz persönliches Risiko ist, das du durch eigene Rücklagen nicht auffangen kannst. Und genau dieses Risiko musst du versichern. Ob die monatliche Ersparnis von gerade mal 10 Euro es wert ist, im Alter zwischen 60 und 67 ohne Versicherungsschutz dazustehen, kann man auch ablehnend beantworten. Auf die gesamte Versicherungsdauer betrachtet, sind es aber immerhin $(60 - 28) \times (12 \times 10\,€) + (67 - 60) \times (12 \times 100\,€) = 12\,240\,€$, die man auf diese Weise spart.

Tipp 11:

Wie man an den eigenen Versicherungen verdient

Eine monatlich 100 Euro teure Berufsunfähigkeitsversicherung bringt einem Versicherungsmakler im Schnitt 1100 Euro Abschlussprovision[90] und jährlich 18 Euro Bestandsprovision[91] ein. Der Abschluss einer guten privaten Krankenversicherung lohnt sich noch mehr. Hier kann der Makler bei z. B. 500 Euro monatlichem Beitrag bis zu 4500 Euro einmalige und 240 Euro jährliche Provision verdienen.[92]

Es wäre doch schön, wenn es einen Weg gäbe, als Versicherungsnehmer an diesen Zahlungen zu partizipieren. Aber: Seit 1923 verhindert das Provisionsabgabeverbot, dass Versicherungsmakler Provisionen legal an ihre Kunden weiterreichen können[93].

Es gibt aber eine kaum bekannte legale Alternative, die das Teilen der Abschlussprovision erlaubt – das Tippgeber-Modell. Makler dürfen einen Teil ihrer Provision an einen Kontaktvermittler weitergeben, wenn durch die Vermittlung des Kunden ein Vertrag zustande kommt.[94] Dabei sind auch Selbstempfehlungen möglich. Versicherungsmakler weisen ihre Kunden sehr selten auf das Tippgeber-Modell hin, weil sie die Abschlussprovisionen nur ungern teilen.

Zum Zeitpunkt der Recherche bietet zum Beispiel das Versicherungsportal comverso.de dieses Modell proaktiv allen seinen Kunden an. Dabei werden 75 Prozent der Abschlussprovision an den Tippgeber weitergegeben.[95] In unserem Beispielfall mit Berufsunfähigkeitsversicherung und privater Krankenversicherung würde Comverso also (1100 € + 4500 €) × 75 % = 4200 € auszahlen.

Wenn du nur ungern Versicherungen im Internet abschließt und dich lieber von deinem persönlichen Versicherungsmakler vor Ort beraten lässt, kannst du mit ihm zumindest über das Tippgeber-Modell verhandeln.

Beachten musst du, dass du die Tippgeber-Provision auf jeden Fall versteuern musst.[96] Sinnvoll ist es also, die Versicherungen schon als Student oder in deinem ersten Berufsjahr abzuschließen, wenn du noch einen sehr geringen Steuersatz hast (siehe Tipp 1).

Kannst du auch an den Bestandsprovisionen teilhaben? Am 14.10.2015 urteilte das Landgericht Köln zugunsten des Internetmaklers moneymeets.com,[97] der 50 Prozent der Bestandsprovisionen an seine registrierten Kunden zurückgibt. Deine Versicherungspolicen werden dann von deinem ursprünglichen Makler auf Moneymeets übertragen. Ab diesem Zeitpunkt teilen sie mit dir die Bestandsprovisionen. In unserem Beispielfall also (18 € + 240 €)/2 = 129 € jährlich.

Es gibt noch einen interessanten Weg, wie du Versicherungsbeiträge zurückgezahlt bekommst: ein Jahr lang deiner Versicherung gar keine Kosten verursachen, das heißt schadenfrei bleiben. Bei der privaten Krankenversicherung gibt es das schon sehr lange. Für Hausrat, Haftpflicht, Kfz und Rechtsschutz gibt es erst seit 2014 eine Möglichkeit, bei Schadenfreiheit an Prämienrückzahlungen zu kommen. Die Versicherungsplattform friendsurance.de bietet ihren Kunden seit 2014 nämlich genau dies an. Sie fasst dafür Versicherte in kleine Gruppen zusammen, die ihre Ver-

sicherungsbeiträge alle gemeinsam in einen Topf einzahlen. Kleinere Schäden werden aus dem Topf bezahlt. Größere Schäden werden von den Versicherungsunternehmen beglichen. Die Versicherungsunternehmen belohnen dies mit Beitragsrückerstattungen, weil sie sich dadurch den administrativen Aufwand sparen, die kleinen Schäden regulieren zu müssen. Diese Rückerstattung zahlt Friendsurance dir dann aus. Bis zu 40 Prozent Rückzahlung im Jahr ist damit möglich.

> **UPDATE:** Am 30.06.2017 – kurz vor Redaktionsschluss dieses Buches – teilte Moneymeets seinen Kunden mit, dass der Bundestag am Vorabend ein Gesetz[98] beschlossen habe, das es Moneymeets verbiete, Kunden zukünftig an Provisionen zu beteiligen. Moneymeets kündigte bereits an, die Rechtmäßigkeit der neuen Regelung überprüfen zu lassen. Aus Kundensicht sei es schwer zu verstehen, warum Deutschland als einziges europäisches Land ein Provisionsabgabeverbot benötige. Hier ist es also angesagt, den Sachverhalt weiterhin genau zu beobachten.

Tipp 12:
Ein Student am Rande
der Legalität

Ist man an der Westfälischen Wilhelms-Universität Münster als Student eingeschrieben, zahlt man einen Semesterbeitrag von ungefähr 270 Euro.[99] Der Großteil des Beitrags wird dabei für das sogenannte NRW-Ticket fällig, mit dem Studenten in ganz Nordrhein-Westfalen den Regionalverkehr und den öffentlichen Nahverkehr nutzen können, also alle Busse und Bahnen bis auf IC, ICE oder erste Klasse. Der Preis dafür von umgerechnet 45 Euro im Monat ist so attraktiv, dass viele Studenten nach Abschluss ihres Erststudiums neben der Arbeit noch ein Zweitstudium beginnen, um weiterhin mit dem NRW-Ticket durchs Land reisen zu können.

Es gibt aber noch eine zweite theoretische Möglichkeit, warum sich auch außerhalb von NRW ein Zweitstudium neben der Arbeit lohnen könnte. Diese Möglichkeit liegt bereits sehr nah am Rande der Legalität, weshalb man sich überlegen sollte, ob man wirklich so weit gehen möchte. Dass diese Möglichkeit aber theoretisch besteht, ist so interessant, dass sie es dennoch in dieses Buch geschafft hat:

Versicherungsgesellschaften bieten für Studenten private

Krankenversicherungen an, die sich den Leistungen nach nicht von den entsprechenden privaten Krankenvollversicherungen für Arbeitnehmer unterscheiden, in der Regel aber weniger als die Hälfte an Beiträgen kosten.

Viele Versicherungen gehen deshalb auf Nummer sicher und formulieren die Versicherungsbedingungen so, dass auch wirklich nur Studenten, die noch nicht im Berufsleben stehen, von den günstigen Beiträgen profitieren. Bei der Debeka heißt es in den Versicherungsbedingungen, dass es sich um »Studenten ohne Berufsausübung« handeln muss.[100] Die Hallesche Krankenversicherung schreibt, dass der Versicherungsnehmer »kein Entgelt aus hauptberuflicher Tätigkeit« erzielen darf.[101]

Es gibt aber ein paar Versicherungen am Markt, die da etwas ungenau gearbeitet haben. Bei der Alten Oldenburger darfst du neben deinem Studium voll berufstätig sein. Erst wenn du 35 Jahre alt wirst, endet die Studentenvariante deines Vertrags und wird in eine normale Variante mit gleicher Leistung umgewandelt.[102] Der Tarif A 90/100, K0+K/S, Z 100/80 kostet einen 25-jährigen Arbeitnehmer 507 Euro pro Monat. Die Studentenvariante A 90/100, K20A+K/SA, Z 100/80A kostet gerade mal 204 Euro.[103]

Der Nachteil bei der Alten Oldenburger ist, dass der vergünstigte Vertrag nach maximal sechs Jahren endet. Es gibt aber eine Versicherung am Markt, bei der es momentan eine solche Frist nicht gibt: Um bei der Barmenia Versicherung in den Genuss einer preisreduzierten privaten Krankenversicherung zu kommen, muss man sich lediglich »in der Berufsausbildung« befinden.[104] Wie lange die Berufsausbildung dauert, ist dabei erst einmal egal. Die besonderen Bedingungen enden aber wieder, sobald du 35 Jahre alt wirst. Der Tarif Expert+ kostet einen 25-jährigen Arbeitnehmer 508 Euro pro Monat. Durch die besonderen Bedingungen für Versicherungsnehmer, die sich in Berufsausbildung befinden, reduziert sich dieser Beitrag auf 261 Euro.[105]

Wie könnte man also konkret vorgehen? Sobald du anfängst zu arbeiten, bist du in der gesetzlichen Krankenversicherung pflichtversichert. Dies ändert sich erst, wenn du mehr als 57 600 Euro im Jahr verdienst. Ab diesem Zeitpunkt bist du nur noch freiwillig in der gesetzlichen Krankenversicherung (GKV) versichert. Wenn du der GKV nachweisen kannst, dass du bei einer anderen Versicherung privat krankenversichert bist, lassen sie dich ziehen. Um dich jetzt möglichst günstig bei guten Leistungen privat versichern zu können, beginnst du neben der Arbeit ein Studium an einer Hochschule, die dir dann eine Studentenbescheinigung ausstellt. Damit befindest du dich jetzt neben deiner hauptberuflichen Tätigkeit in Berufsausbildung. Die Studentenbescheinigung kannst du der privaten Krankenversicherung vor Vertragsabschluss vorlegen, damit du von den besonderen Bedingungen für Versicherungsnehmer, die sich in Berufsausbildung befinden, profitierst. Die private Krankenversicherung schickt dir daraufhin eine Annahmebestätigung, die du an die GKV weiterleitest, worauf du nach Ablauf der zweimonatigen Kündigungsfrist keine Beiträge an die GKV mehr zahlen musst.

Sobald du privat versichert bist, zahlt dir dein Arbeitgeber die Hälfte deiner Krankenversicherungsbeiträge, maximal aber 369 Euro inklusive des Pflegeanteils, direkt auf dein Konto. Dafür musst du deinem Arbeitgeber nachweisen, wie hoch dein monatlicher Beitrag für die private Krankenversicherung ist. Ab da an zahlt er dir die Hälfte deiner ohnehin schon sehr geringen Krankenversicherungsbeiträge. Ein 25-Jähriger mit sehr gutem Einstiegsgehalt zahlt dann statt des Höchstbeitrags in der GKV von monatlich rund 427 Euro Eigenanteil inklusive Pflegeversicherung nur noch 261 €/2 = 130,50 € Eigenanteil bei der Barmenia – eine Ersparnis von rund 297 Euro monatlich bis zum 35. Geburtstag.[106] Insgesamt spart er also $(35 - 25) \times (12 \times 297 \, €) = 35\,640 \, €$.[107]

All denjenigen, die jetzt meinen, alle Versicherungsgesellschaften, die bisher in ihren Tarifbedingungen nicht explizit

eine Berufsausübung neben der Berufsausbildung ausschlie-
ßen, würden dies spätestens nach Erscheinen dieses Buchs
sofort ändern, sei gesagt: Klar können Versicherungen ihre
Bedingungen ändern. Dies geht aber nicht für bereits ab-
geschlossene Verträge. Ein 25-Jähriger, der heute einen solchen Vertrag abschließt, kann also auf jeden Fall noch zehn
Jahre von den jetzigen sehr vorteilhaften Versicherungsbedingungen profitieren.

Tipp 13:

Einmal PKV, immer PKV! Oder?

Wenn du im Jahr mehr als die Versicherungspflichtgrenze in Höhe von aktuell 57 600 Euro[108] verdienst, kannst du von der gesetzlichen in die private Krankenversicherung (PKV) wechseln. Viele machen es trotzdem nicht. Drei Gründe werden dabei immer gerne genannt:

1. Die Beiträge werden im Alter massiv steigen.
2. Jetzt ist es noch günstig, aber warte mal ab, bis du Kinder hast!
3. Wenn man einmal in der privaten Krankenversicherung ist, kommt man kaum noch in die gesetzliche Krankenversicherung zurück.

Wenn man genauer nachfragt, warum es denn so schwer ist, von der privaten Krankenversicherung zurück in die gesetzliche zu wechseln, werden die Antworten oft schnell dünn. Die meisten setzen sich nämlich gar nicht mit den Details auseinander. Man wird in den Medien so häufig mit Überschriften konfrontiert wie »Wer einmal wechselt, kommt schwer wieder heraus« oder »Vorsicht vor steigenden Prämien im Alter!«, dass mancher glaubt, dies gar nicht mehr hinterfragen zu müssen. Auch wenn man sich bei der eigenen GKV über das Thema informiert, sind die rasant steigenden Prämien und die Unumkehrbarkeit die ersten Warnungen, die man zu hören bekommt.

Die Überschriften, die man in den Medien liest, sind maßlos übertrieben. Sobald du dauerhaft weniger als aktuell 57 600 Euro im Jahr verdienst und noch jünger als 55 Jahre alt bist, kannst du zurück von der privaten Krankenversicherung in die GKV wechseln. Bonuszahlungen oder erfolgsabhängige Provisionen zählen dabei nicht. Das heißt, du darfst zusammen mit deinem variablen Gehaltsbestandteil ruhig mehr als 57 600 Euro verdienen und trotzdem zurück in die GKV wechseln. Wenn dir dies gelingt, können dir natürlich auch die im Alter steigenden PKV-Beiträge egal sein.

Wie bekommst du es also hin, bei einem sehr hohen Festgehalt die Grenze von 57 600 Euro wieder zu unterschreiten? Als Angestellter geht das am einfachsten, wenn du ein bisschen Glück im Umgang mit deiner Personalabteilung hast. Die Personalabteilung muss der Sozialversicherung nämlich melden, wenn dein auf zwölf Monate hochgerechnetes Jahresgehalt die Versicherungspflichtgrenze unterschreitet. Geht bei der Sozialversicherung diese Meldung ein, kannst du zurück in die GKV wechseln. Du könntest mit der Personalabteilung also ausmachen, die nächsten Monate nur noch Teilzeit zu arbeiten oder ein Sabbatical zu nehmen. Daraufhin rechnet die Personalabteilung dein Gehalt hoch und schickt die entsprechende Meldung raus.

Du wechselst zurück in die GKV und beschließt danach, doch nicht Teilzeit zu arbeiten oder das Sabbatical nicht anzutreten.

Wenn deine Personalabteilung so vorgeht, hast du Glück gehabt. Einen Anspruch auf dieses Verhalten hast du nämlich nicht. Um eine entsprechende Meldung an die Sozialversicherung von der Personalabteilung verlangen zu können, bräuchtest du stattdessen einen dauerhaft geänderten Arbeitsvertrag, aus dem das niedrigere Gehalt hervorgeht. Der Vertrag darf keinen Passus enthalten, der besagt, dass die Teilzeittätigkeit nur für eine bestimmte Zeit vereinbart ist.[109] Wenn du einen solchen Vertrag aber unterzeichnest, läufst du Gefahr, nicht mehr auf eine Vollzeittätigkeit erhöhen zu können. Einen Anspruch darauf hast du nämlich nicht.

Für jemanden, der dauerhaft eine 3-Tage-Woche anstrebt,[110] ist das kein Problem. Wenn du dir aber noch unsicher bist, ob die 3-Tage-Woche wirklich das Richtige für dich ist, gibt es noch einen anderen Weg, ohne dauerhaft geänderten Arbeitsvertrag zurück in die GKV zu wechseln. Wenn du Kinder bekommst, kannst du nämlich die Elternzeit für den Wechsel zurück in die GKV gut nutzen. Hat das Unternehmen, für das du schon länger als sechs Monate arbeitest, mehr als fünfzehn Mitarbeiter, hast du während der Elternzeit einen Anspruch auf eine Teilzeittätigkeit zwischen 15 und 30 Wochenstunden, die auch nach der Elternzeit fortgesetzt werden kann.[111] Das Gehalt wird dann entsprechend gekürzt.

Im Antrag müssen nur der Beginn der Teilzeittätigkeit

und die gewünschten Wochenstunden angegeben sein. Insbesondere muss das Ende der Teilzeittätigkeit nicht angegeben werden. Demnach bekommst du einen dauerhaft geänderten Arbeitsvertrag, der dir dann die Rückkehr in die GKV ermöglicht. Nach der Elternzeit hast du dann aber wieder einen Anspruch darauf, auf die vor der Elternzeit vereinbarte Arbeitszeit zu erhöhen, so dass du nicht dem Risiko ausgesetzt bist, auf Dauer Teilzeit arbeiten zu müssen. Das Unternehmen hat zwar die Möglichkeit, deinen Antrag auf Grund von dringenden betrieblichen Gründen abzulehnen. Dringende betriebliche Gründe sind für ein Unternehmen aber äußerst schwierig nachzuweisen, weshalb dem Antrag in der Regel stattgegeben wird.

Bis zu drei Jahre Elternzeit stehen sowohl Vater als auch Mutter pro Kind zu. Das Beste dabei ist, dass du die Entscheidung, ob du zurückwechseln willst, deshalb gar nicht sofort treffen musst. Gerade bei deinem ersten Kind fühlst du dich mit einer privaten Krankenversicherung in den ersten Jahren ja vielleicht sogar wohler. Es ist nämlich so, dass sowohl Vater als auch Mutter zwei von den drei Jahren Elternzeit bis zum achten Geburtstag des Kindes nehmen können.[112] Ab Geburt deines Kindes bekommst du also quasi sieben Jahre lang ein Optionsrecht auf die Rückkehr in die gesetzliche Krankenversicherung geschenkt.

Wichtig ist, dass du die Rückkehr in die GKV vor deinem 56. Lebensjahr angehst. Danach kannst du allein durch die Reduktion deines Einkommens nicht mehr zurückwechseln.[113] Die wenigen Möglichkeiten, die dir ab 55 noch bleiben, sind absolute Spezialfälle, die nur für die allerwenigsten wirklich infrage kommen, weswegen hier nicht mehr weiter auf sie eingegangen wird. Eine interessante Möglichkeit besteht aber noch für privat versicherte Selbständige, die kurz vor der Rente stehen. Wenn du in diesem Fall verheiratet bist und dein Ehepartner gesetzlich versichert, kannst du deinen Betrieb einfach aufgeben und wirst sofort über deinen Partner bei der gesetzlichen Krankenversicherung familienversichert.[114]

Beamte haben übrigens überhaupt kein Interesse, jemals zurück in die gesetzliche Krankenversicherung zu wechseln. Als Beamter zahlt dir der Staat 50 Prozent all deiner Krankheitskosten.[115] Hast du zwei oder mehr Kinder im erziehungspflichtigen Alter, zahlt er dir sogar 70 Prozent deiner Krankheitskosten.[116] Für die Kinder selbst zahlt der Staat 80 Prozent.[117] Die restlichen Kosten kannst du dir über kostengünstige private Krankenversicherungen speziell für Beamte versichern lassen. In der gesetzlichen Krankenversicherung gibt es das nicht. Hier müsstest du immer den vollen Satz zahlen.

Tipp 14:

Als Privatpatient ist man nicht familienversichert? – Irrtum!

Bei einem nötigen Jahresverdienst von über 57 600 Euro hört sich die Entscheidung, sich privat oder gesetzlich zu versichern, nach einem Luxusproblem an. Das ist es aber nicht. Denn jeder kann Privatpatient werden, unabhängig von seinem Einkommen.

Es ist kaum bekannt, aber seit dem 1. Januar 2004 haben alle gesetzlich Versicherten das Recht, bei ihrer Krankenkasse das sogenannte Prinzip Kostenerstattung zu wählen.[118] Dies löst dann das allgemein verbreitete Sachleistungsprinzip ab. Der Versicherte wird dadurch von heute auf morgen Privatpatient und ist dabei weiterhin gesetzlich und damit auch familienversichert. Was heißt das jetzt genau?

So gut wie alle gesetzlich Versicherten lassen ihre Krankenkassen nach dem Sachleistungsprinzip abrechnen: Beim Arzt zeigt man seine Krankenkassenkarte vor, man wird behandelt und sieht nie eine Rechnung. Der Arzt rechnet direkt mit der Krankenkasse ab. Die vom Arzt erbrachten Leistungen müssen dabei gemäß dem Sozialgesetzbuch »wirtschaftlich, ausreichend, notwendig und zweckmäßig« sein.[119] Ein ziemlich ernüchternder Sprachgebrauch – eine optimale Behandlung sollte mehr sein als zweckmäßig.

Genau aus diesem Grund wurde 2004 das Prinzip der Kostenerstattung eingeführt. Patienten wird so der Zugang zum medizinisch Machbaren ermöglicht, und gleichzeitig wird das Kostenbewusstsein geschärft. Wenn man sich für das Prinzip Kostenerstattung entschieden hat und zum Arzt geht, bekommt man im Nachhinein eine Rechnung, die man selbst begleichen muss. Diese Rechnung wird nach den gleichen Gebührenordnungen erstellt wie für privat versicherte Patienten.[120] Die Rechnung kann man bei der gesetzlichen Krankenversicherung einreichen, die dann nur den Teil erstattet, den sie auch bei der Wahl des Sachleistungsprinzips erstattet hätte, denn: Mehr Leistung kostet mehr.

Damit man nicht auf dem Rest der Kosten sitzen bleibt, sollte man eine private Zusatzversicherung abschließen. Und damit ist *nicht* eine dieser schnöden Versicherungen gemeint, die nicht viel kosten und dafür die Brille oder die Zuzahlungen für Arzneimittel übernehmen. Von den Zusatzversicherungen, die hier gemeint sind, gibt es im Moment nur eine Handvoll am Markt. Es müssen die Restkosten auf Basis des Kostenerstattungsprinzips übernommen werden. Außerdem sollten sie es einem ermöglichen, auch in reinen Privatpraxen behandelt zu werden. Die ARAG, die DKV, die Württembergische, die Barmenia, der Münchener Verein und die Allianz bieten das an. Für den ambulanten Bereich kostet es dann für einen 30-Jährigen zwischen 100 Euro und 150 Euro im Monat, abhängig davon, wie hoch die Selbstbehalte sind.[121] Nicht billig, aber dafür wird oder bleibt man Privatpatient, auch wenn man weniger als 57 600 Euro verdient – was spätestens dann der Fall sein dürfte, wenn man sich den Traum von der 3-Tage-Woche erfüllt.

Wem die monatlichen Zusatzkosten irgendwann doch zu viel werden, kann jederzeit innerhalb von drei Monaten wieder zurück vom Kostenerstattungsprinzip zum Sachleistungsprinzip wechseln.[122] Dann braucht man auch die Zusatzversicherung nicht mehr.

Für den stationären Bereich ist es nicht nötig, extra zum Kostenerstattungsprinzip zu wechseln. Für die Chefarztbehandlung und das Zweibett-Zimmer reicht eine ganz normale private Zusatzversicherung. Das Gleiche gilt für den zahnärztlichen Bereich. Auch hier reicht eine Zahnzusatzversicherung völlig aus.

Zusammenfassend ist dies das beste Vorgehen:

Wenn du mehr als 57 600 Euro verdienst und keinen hohen Zuschlag wegen Vorerkrankungen zahlen musst, solltest du dich privat krankenversichern. In jungen Jahren zahlst du dadurch einen niedrigeren Beitrag und bekommst gleichzeitig wesentlich umfangreichere Leistungen. Über eine nebenberufliche Berufsausbildung (zum Beispiel ein Zweitstudium, siehe Tipp 13) könntest du bei einigen Versicherungsgesellschaften deine Kosten zumindest bis zum Alter von 35 Jahren noch weiter reduzieren, was dann aber moralisch schon ziemlich grenzwertig wäre.

Bis zum Alter von 55 solltest du dein Einkommen unter die Grenze von 57 600 Euro drücken, um wieder zurück in die gesetzliche Krankenversicherung zu kommen. Entscheidest du dich für eine 3-Tage-Woche, verdienst du vermutlich unter dieser Grenze, wodurch der Wechsel leicht möglich ist. Bist du dir noch nicht sicher, ob du dauerhaft deine Arbeitszeit reduzieren willst, ist der Wechsel während der Elternzeit, die du auch noch Jahre nach der Geburt deines ersten Kindes nehmen kannst, gut möglich. Die Faustformel lautet, dass ab dem zweiten Kind die gesetzliche Krankenversicherung wieder günstiger wird als die private. Außerdem schützt du dich so vor steigenden Prämien im Alter.

Wenn du nach dem Wechsel zurück in die GKV den Status als Privatpatient für dich oder deine Kinder beibehalten willst, solltest du bei deiner gesetzlichen Krankenkasse im ambulanten Bereich vom Sachleistungsprinzip auf das Kostenerstattungsprinzip wechseln. Da du zuvor eine private Vollversicherung hattest, kannst du diese ohne erneute Gesundheitsprüfung in eine entsprechende private Zusatzversicherung umwandeln, die dir die Restkosten von Arztrechnungen erstattet. Da es nur wenige solcher Zusatzversicherungen am Markt gibt, solltest du schon bei Abschluss deiner privaten Vollversicherung darauf achten, dass dein Versicherungsanbieter diese spezielle Zusatzversicherung im Angebot hat. Den stationären und zahnärztlichen Bereich kannst du über ganz gewöhnliche private Zusatzversicherungen abdecken.

Wenn du am Anfang deines Berufslebens weniger als

57 600 Euro verdienst, solltest du zunächst nur die privaten Zusatzversicherungen abschließen. Wenn du dann durch Gehaltserhöhungen oder Jobwechsel gehaltstechnisch über die magische Grenze rückst, kannst du wiederum die Zusatzversicherung ohne erneute Gesundheitsprüfung in eine private Vollversicherung umwandeln. Da dies nicht bei allen Zusatzversicherungen möglich ist, solltest du bei Vertragsabschluss genau auf diesen Punkt achten.

Tipp 15:

Wie du trotz Kranken-
vorgeschichte an eine BU kommst

Versicherungsunternehmen wünschen sich den gläsernen Patienten. Krankenkassen beginnen Fitness-Tracker wie die Apple Watch finanziell zu fördern.[123] Es wird die Nähe zu Start-ups aus dem Silicon Valley gesucht, von deren Hilfe man sich die systematische Auswertung von Gesundheitsdaten verspricht. Wenn du heute eine Berufsunfähigkeitsversicherung mit einer Leistung von über 2500 Euro im Monat abschließen willst, musst du bei den Gesundheitsfragen sogar Gentests offenlegen.[124]

Generell dürfen Versicherer verlangen, dass du vor Vertragsabschluss deine bisherigen Behandlungen angibst.[125] Dabei können leicht Fehler passieren, sei es, weil du es schlichtweg nicht mehr auf dem Schirm hast, bei welchen Ärzten du in den letzten Jahren warst, oder sei es, weil der behandelnde Arzt vielleicht etwas ganz anderes in seine Akte schrieb, als er dir damals gesagt hatte. Ärzte machen so etwas manchmal, um Untersuchungen durchführen zu können, die ohne eine bestimmte Diagnose von der Krankenkasse nicht bezahlt würden.

Auch wenn das erst einmal in deinem Interesse ist, kann

es später fatale Konsequenzen nach sich ziehen. Versicherungsunternehmen können nämlich bei falsch beantworteten Gesundheitsfragen den Vertrag anfechten oder ganz von ihm zurücktreten.[126] Bei der privaten Krankenversicherung sind die Konsequenzen besonders schwerwiegend. Nicht nur musst du in diesem Fall rückwirkend sämtliche Arztbesuche und Behandlungen aus eigener Tasche zahlen[127], du musst zusätzlich alle Beiträge zur gesetzlichen Krankenversicherung seit dem Wechsel in die private nachzahlen.[128] Die Beiträge, die du an die private Krankenversicherung überwiesen hast, bekommst du im Gegenzug aber nicht erstattet.[129] Auch im Falle einer Berufsunfähigkeit kommt es einer Katastrophe gleich, wenn die Versicherung aufgrund von Fehlern bei den Gesundheitsfragen plötzlich nicht zahlt.

Es gibt zwei Möglichkeiten, wie du mit diesen Gefahren umgehen kannst: Möglichkeit 1 besteht darin, bei den Gesundheitsfragen keine Fehler zu machen. Dafür kontaktierst du am besten sämtliche Krankenversicherungen, bei denen du in den letzten zehn Jahren versichert warst, und verlangst Auskunft über die von dir bisher in Anspruch genommenen Leistungen. Da du bei deinen Krankenversicherungen nur einen gesetzlichen Anspruch auf die gespeicherten Daten der letzten 18 Monate hast,[130] solltest du auch noch die Kassenärztlichen Vereinigungen kontaktieren. Die Versicherungen und Kassenärztlichen Vereinigungen schicken dir dann eine Auflistung der von dir besuchten Ärzte und der abgerechneten Leistungen zu.

Im nächsten Schritt kontaktierst du alle auf diese Weise identifizierten Ärzte und verlangst erneut eine Auflistung von allen bisher gestellten Diagnosen und Therapievorschlägen.[131] Bei Abschluss der privaten Krankenversicherung oder deiner neuen Berufsunfähigkeitsversicherung schickst du alle diese Informationen zusammen mit den beantworteten Gesundheitsfragen ein. Dies sollte eigentlich gewährleisten, dass du im Leistungsfall keine Überraschungen erlebst. Da die Daten bei den Krankenkassen und Kassenärztlichen Vereinigungen allerdings nach spätestens vier Jahren gelöscht werden[132] und gleichzeitig Behandlungen der letzten Monate oft noch nicht erfasst sind, kann es trotz all deiner Bemühungen immer noch zu Fehlern kommen.

Natürlich hilft dir dieses Vorgehen nichts, wenn du Vorerkrankungen hast, die garantiert zu einem hohen Risikozuschlag oder sogar zur Ablehnung führen würden. Wenn dies bei dir der Fall ist oder du dir diesen ganzen Aufwand sparen möchtest, kommt im Falle der Berufsunfähigkeitsversicherung Möglichkeit 2 ins Spiel.

Du füllst den Gesundheitsfragebogen nach bestem Wissen und Gewissen aus, wohl wissend, dass dabei durchaus Fehler passieren können. Du vertraust jetzt darauf, dass du innerhalb der nächsten fünf Jahre, besser aber noch innerhalb der nächsten zehn Jahre keinen Antrag auf Berufsunfähigkeitsversicherung stellen musst. Wenn die Zeit abgelaufen ist, hat die Versicherung keine Möglichkeit mehr, aufgrund von vorvertraglicher Anzeigepflichtverletzung vom Vertrag zurückzutreten. Dieses Recht läuft für den

Versicherer nämlich nach fünf Jahren aus, im Falle der Arglist nach zehn Jahren.[133]

Früher hatte das Versicherungsunternehmen in diesem Fall noch die Möglichkeit, den Vertrag anzufechten.[134] Nach altem Recht war dies bis dreißig Jahre nach Vertragsabschluss möglich. Mit Inkrafttreten der Neufassung des Bürgerlichen Gesetzbuches vom 2. Januar 2002 wurde diese Frist aber auf zehn Jahre reduziert.[135] Warum die Möglichkeit 2 nur für die Berufsunfähigkeitsversicherung, nicht aber für die private Krankenversicherung greift, hat etwas mit Wahrscheinlichkeiten zu tun. Die Wahrscheinlichkeit, in den ersten zehn Jahren nach Vertragsabschluss Leistungen aus der Krankenversicherung in Anspruch nehmen zu wollen, ist ungleich höher als die Wahrscheinlichkeit, in den ersten zehn Jahren berufsunfähig zu werden. Dennoch ist das Risiko auch im Falle der Berufsunfähigkeit enorm, weshalb man den höheren Aufwand durch Möglichkeit 1 unbedingt in Kauf nehmen sollte.

Warum eigentlich gerade fünf Tage die Woche und warum Deutsche so viel reisen

Ich war mit Thomas, genannt Tommy, auf dem Weg nach Philadelphia. Seit meiner Kindheit bin ich ein großer Rocky-Balboa-Fan und wollte einmal selbst in Boxermanier die berühmten Treppen vor dem Museum of Art hochlaufen. Tommy ist US-Amerikaner und in Philadelphia aufgewachsen. Er lud mich ein, mir sein Philli zu zeigen.

»Elias, that will be a great long weekend. It is good to get away from it all once in a while!«

»Yeah, it is«, sagte ich. »I enjoy it to have left the German head office for a while as well.«

Tommy und ich waren im selben Konzern tätig. Für ein paar Wochen durfte ich zu der Zeit bei unserer amerikanischen Tochtergesellschaft arbeiten, bei der Tommy angestellt war.

»Do you know what's great about working for a German company?«, fragte Tommy.

»No, what's that?«

»You guys give me twice as many holidays as the rest of the US-Americans get.«

»Twice as many?« Das war neu für mich.

»Yeah, man. My girlfriend works for this other company.

She has to cope with eleven days per year. I don't know how you guys do that. Your economy is running smoothly but all you Germans do is taking holidays.«

Dass ich bei uns in der deutschen Firmenzentrale sogar über dreißig Urlaubstage bekomme und nicht nur 22, habe ich ihm nicht gesagt.

Hinter den USA mit elf Tagen gesetzlichem Urlaubsanspruch im Jahr liegen weltweit nur noch China und Kanada mit jeweils zehn Tagen Urlaub.[136] Die Deutschen reisen also nicht so viel und so weit, weil sie mehr Lust darauf haben als andere. Der Grund ist viel einfacher: Die Deutschen haben schlichtweg die Zeit dazu. In anderen Ländern muss immer noch so viel gearbeitet werden wie in Deutschland vor fünfzig Jahren. Starke Gewerkschaften haben das in Deutschland möglich gemacht.

Im Jahr 1903 setzte der Zentralverband deutscher Brauereiarbeiter den ersten tariflich festgesetzten Urlaubsanspruch durch – drei Tage im Jahr. Es dauerte sechzig Jahre, bis im Bundesurlaubsgesetz Arbeitnehmern ein Mindesturlaub von drei Wochen im Jahr gesetzlich zugesichert wurde. Tarifverträge haben diesen Anspruch weiter ausgedehnt. Anfang 1979 erstritt die westdeutsche Eisen- und Stahlindustrie einen tariflichen Anspruch auf dreißig Tage Urlaub im Jahr.[137]

Die Gewerkschaften verlieren in Deutschland aber zusehends an Bedeutung. 1991 waren knapp zwölf Millionen Menschen im Deutschen Gewerkschaftsbund Mitglied.[138] Heute ist es nur noch die Hälfte. Gleichzeitig sind etwa 40 Prozent der Beschäftigten nicht mehr durch Tarifverträge geschützt.[139] Hier können sich Arbeitnehmer nur noch auf den gesetzlichen Urlaubsanspruch berufen, der in Deutschland bei zwanzig Arbeitstagen pro Jahr liegt. Den höchsten gesetzlichen Anspruch in der Welt gibt es übrigens in Finnland. Dieser liegt bei dreißig Arbeitstagen pro Jahr und ist damit fast dreimal so hoch wie in den USA.

Und was ist mit der Wochenarbeitszeit? In Deutschland liegt die durchschnittliche Wochenarbeitszeit von Vollzeitbeschäftigten bei 41,4 Stunden.[140] Im Jahr 1900 wurde an sechs Tagen die Woche täglich zehn Stunden gearbeitet. 1918 wurde unter Friedrich Ebert mit dem Beginn der Novemberrevolution und dem damit verbundenen Sturz der Monarchie in Deutschland eine der ältesten Forderungen der Arbeiterbewegung erfüllt: der 8-Stunden-Tag.[141] Der walisische Unternehmer Robert Owen hatte zwischen 1830 und 1834 in Großbritannien unter dem Slogan »Acht Stunden arbeiten, acht Stunden schlafen und acht Stunden Freizeit und Erholung« die Forderung nach dem 8-Stunden-Tag als Erster erhoben.[142]

1956 ist die Zigarettenindustrie die erste Branche, in der nur noch fünf Tage die Woche gearbeitet wird.[143] Unter dem Motto »Samstags gehört Vati mir« kämpft der Deutsche Gewerkschaftsbund nun für die flächendeckende Einführung der 40-Stunden-Woche.[144] Der Kampf dauert 27 Jahre, bis 1974 bei den Banken und im öffentlichen Dienst und schließlich 1983 auch in der Landwirtschaft die 5-Tage-Woche eingeführt wird[145].

Als neues Ziel wird von der IG Metall 1978 die 35-Stunden-Woche ausgerufen.[146] Schon 1995[147] erreichte man das Ziel für die westdeutsche Metall-, Stahl-, Elektro-, Druck-

sowie holz- und papierverarbeitende Industrie.[148] In anderen Branchen wurde lediglich die 38,5-Stunden-Woche erstritten.

Bedingt auch durch den Mitgliederschwund der Gewerkschaften dreht sich der Trend heute wieder um. Für Bundesbeamte wurde die Wochenarbeitszeit im Jahr 2004 wieder auf vierzig Stunden angehoben.[149] Die Landesbeamten in Nordrhein-Westfalen arbeiten 41 Stunden,[150] in Hessen sogar 42 Stunden.[151] Trotz der vielen Tarif-Angestellten, die auch heute noch weniger als vierzig Stunden die Woche arbeiten, liegt die durchschnittliche Wochenarbeitszeit, wie gesagt, bei 41,4 Stunden,[152] Tendenz steigend. Dies liegt an den vielen Beschäftigen in Branchen, für die überhaupt kein Tarifvertrag vorliegt.

Dieses Buch ist eine Provokation. Der Aufruf zu einer 3-Tage-Woche erscheint zynisch in einer globalisierten Welt, wo jedes Land um seinen wirtschaftlichen Vorteil feilscht. Was heute aber Unverständnis auslöst, kann morgen auf ganz andere Weise zynisch klingen. Der SPD-Abgeordnete Emanuel Wurm stand am 28. Februar 1912 im Reichstag und sprach:[153] »Man darf heute das Wort aussprechen, das vor Jahrzehnten noch mit einem Hohngelächter aufgenommen worden ist: Wir verlangen, dass die Arbeiter Ferien bekommen ...«

In allen Zeiten lassen sich wirtschaftliche Gründe finden, die dafür sprechen, Arbeitnehmer mehr arbeiten zu lassen und gleichzeitig weniger Lohn zu zahlen. Was dem einen weniger Lohn ist, ist dem anderen höherer Gewinn. Die Wirtschaftssupermacht USA, die eine der schärfsten Formen des Kapitalismus hervorgebracht hat, konnte ihren Bürgen weismachen, dass elf Tage gesetzlicher Urlaubsanspruch ausreichen müssen. Alles andere gefährde im Wettbewerb mit Volkswirtschaften wie Deutschland oder China die wirtschaftliche Stabilität des Landes.

Tommy und ich sind an jenem Tag noch die berühmten Rocky-Treppen in Philadelphia hochgelaufen. Die Geschichte in Deutschland hat gezeigt, dass sich die Arbeitnehmer stets das erkämpfen mussten, was uns heute selbstverständlich erscheint. Deshalb möchte ich dieses Kapitel mit einem Zitat aus dem Film Rocky Balboa beenden:

Ich werde dir jetzt was sagen, das du schon längst weißt: Die Welt besteht nicht nur aus Sonnenschein und Regenbogen. Sie ist oft ein gemeiner und hässlicher Ort. Und es ist mir egal, wie stark du bist. Sie wird dich in die Knie zwingen und dich zermalmen, wenn du es zulässt.

Du und ich, und auch sonst keiner, kann so hart zuschlagen wie das Leben. Aber der Punkt ist nicht der, wie hart einer zuschlagen kann, es zählt bloß, wie viele Schläge er einstecken kann und ob er trotzdem weitermacht. Wie viel man einstecken kann und trotzdem weitermacht. Nur so gewinnt man!

Wenn du weißt, was du wert bist, dann geh hin und hol es dir – aber nur, wenn du bereit bist, die Schläge einzustecken! Zeig nicht mit dem Finger auf andere und sag, du bist nicht da, wo du hinwolltest wegen ihm oder wegen ihr oder sonst jemandem! Schwächlinge tun das – und das bist du nicht!

Tipp 16:

Per Post auf Weltreise

Ryanair ist die Billigairline schlechthin. Von Deutschland aus kannst du für weniger als 70 Euro nach Gran Canaria fliegen, Rückflug inklusive. Bei einer Flugzeit von mehr als drei Stunden deckt das nicht einmal die Treibstoffkosten.

Billiger kannst du die Welt nicht sehen. Nervig ist aber, dass du dein Gepäck bei Flugreisen immer mit dir herumschleppen musst. Bei Billigairlines kommt hinzu, dass sie – wenn schon nicht mit den Flugtickets – mit irgendetwas anderem Profit machen müssen. Da kommt das Gepäck gerade richtig. Für den Flug nach Gran Canaria würde allein für den Hinflug ein Gepäckstück bis 15 Kilogramm stolze 40 Euro kosten. Bis 20 Kilogramm kostet der Koffer sogar 50 Euro.[154] Für jedes weitere Kilo zahlst du stolze 10 Euro extra.

Abhilfe für beide Probleme – nerviges Kofferschleppen und teure Gepäckgebühren – bietet der Postversand. Bei DPD kostet ein 20-Kilogramm-Paket nach Spanien nur 23 Euro bzw. 29,50 Euro mit Abholung und ist dabei sogar versichert. Du musst nichts schleppen. Das Paket wird bei dir zu Hause abgeholt und wartet dann schon in deinem Hotel auf dich, wenn du auf Gran Canaria ankommst. Für den Rücktransport könntest du zum Beispiel GLS nutzen. Dort kostet das Paket von Spanien nach Deutschland etwa 27 Euro.[155]

Tipp 17:

Eine Kreditkarte für jede Lebenslage

Am 4. Mai 2016 beschloss der Rat der Europäischen Zentralbank, den 500-Euro-Schein abzuschaffen.[156] Gegen Ende 2018 soll die Banknote nicht mehr ausgegeben werden. Nachdem diese Meldung öffentlich wurde, wetteiferten die Medien darum, über die Gefahren einer Welt ohne Bargeld zu diskutieren. Ein Gedanke wurde dabei besonders gern geäußert: Die Abschaffung des 500-Euro-Scheins sei nur der erste Schritt. Die Politik strebe einen völligen Wandel an, bis nur noch elektronisch per Handy oder Kreditkarte gezahlt werden könne. Damit solle ein großes Ziel endlich in Erfüllung gehen: die Durchsetzbarkeit von negativen Zinsen.[157]

Müsstest du für das Geld auf deinem Konto negative Zinsen zahlen, würdest du dir es sofort in bar auszahlen lassen und es zu Hause unter dem Bett verstauen. Wenn es aber kein Bargeld mehr gibt, bleiben dir nur die Optionen, entweder zuzuschauen, wie dein Geld auf dem Konto langsam an Wert verliert, oder aber es auszugeben. Der so erzeugte Druck, Geld auszugeben, würde dann den Konsum stärken und damit zu Wirtschaftswachstum führen.

Diese Theorie ist ziemlich weit hergeholt. Wenn ein Land das Bargeld abschafft und gleichzeitig negative Zinsen auf dem Konto anfallen, werden die Bürger zuallererst auf ausländisches Bargeld zurückgreifen. In Simbabwe verlor der Simbabwe-Dollar so rasant an Wert, dass die Bürger parallel andere Währungen auf dem Schwarzmarkt handelten. 2015 wurde dann ganz offiziell der US-Dollar als Übergangswährung eingeführt.[158] Es müsste also schon die ganze Welt geschlossen entscheiden, sämtliches Bargeld abzuschaffen. Bevor dies passiert, ist eine ganz andere Entwicklung viel wahrscheinlicher: Bargeld wird schleichend immer unbedeutender, weil es einfach viel bequemer ist, per Karte zu zahlen.

Dir kann diese ganze Diskussion eigentlich erst mal ziemlich egal sein. Viel unmittelbarer stellt sich die Frage, auf was du eigentlich achten musst, wenn du dich für eine Kreditkarte entscheidest. Folgende Punkte sollten möglichst erfüllt sein:

1. Du zahlst keine jährliche Gebühr für die Nutzung der Kreditkarte.
2. Du zahlst keine Gebühren, wenn du in Deutschland am Automaten Geld abhebst.
3. Du zahlst keine Gebühren, wenn du in Deutschland mit der Karte bezahlst.
4. Du zahlst keine Gebühren, wenn du im Ausland am Automaten Geld abhebst.
5. Du zahlst keine Gebühren, wenn du im Ausland mit der Karte bezahlst.

Wir wollen hier keine Werbung machen, stehen mit dem Unternehmen auch in keinerlei Beziehung. Aber die einzige Kreditkarte am Markt, die zum Zeitpunkt der Recherche all diese Punkte erfüllt, ist die Santander 1plus Visa Card.[159] Zusätzlich bietet die Karte noch 1 Prozent Tankrabatt[160] und als einzige Karte die Erstattung von Gebühren, die speziell im Ausland zum Teil direkt von den Automatenbetreibern erhoben werden.

Das klingt zu gut, um wahr zu sein, also wo ist der Haken? Natürlich gibt es ihn: Bei dieser Kreditkarte werden die mit der Karte getätigten Einkäufe nicht jeden Monat, wie es sonst üblich ist, automatisch mit dem Girokonto ausgeglichen. Stattdessen muss man selbst aktiv werden und das Geld vom Girokonto auf das Santander Kreditkartenkonto überweisen. Vergisst man dies, werden ungefähr 14 Prozent Zinsen auf die nicht ausgeglichenen Beträge fällig. Am besten ist es also, wenn man einen Dauerauftrag einrichtet und jeden Monat automatisch Geld auf das Kreditkartenkonto überweist. Wenn das Konto nie in den roten Zahlen steht, können auch keine Zinsen erhoben werden. Von den Vorteilen der Karte profitiert man so kostenlos.

Neben der Visa Card sollte man auch noch eine Master Card im Portemonnaie haben. Bei Online-Buchungen von Flügen und Reisen ist oft nur entweder die Buchung per Visa Card oder aber per Master Card kostenlos.

Hier bietet sich die Andasa Master Card an,[161] die nach dem gleichen Prinzip wie die Santander funktioniert.[162] Bis auf die kostenlose Bargeldabhebung am Automaten erfüllt sie alle obigen Kriterien. Zusätzlich bietet die Karte noch eine kostenlose Reiserücktrittskosten- und Reisekrankenversicherung. Außerdem gibt es beim Einkauf 0,25 Prozent Cashback. Bezahle also grundsätzlich alles, was du kaufst – die Amazon-Bestellung, deine Urlaubsbuchung, das Shampoo bei dm – mit der Master Card. Du bekommst auf diese Weise bei jedem Einkauf Geld zurückerstattet. Nur Benzin solltest du mit der Visa Card zahlen. Da bekommst du ja statt den 0,25 Prozent sogar 1 Prozent Rabatt.

Und ja, durch Kreditkarten wirst du zum gläsernen Konsumenten. Die Informationen, die du so über dein Kaufverhalten preisgibst, sind der Preis, den du für all diese kostenlosen Services zahlst.

Die Chefbrille:
Wie du auch deinen Arbeitgeber von der 3-Tage-Woche überzeugst

Als ich bei meinem Chef im Büro saß und ihm das erste Mal von meinen Plänen erzählte, weniger arbeiten zu wollen, war das für ihn noch ewig weit weg. Ich befand mich damals mitten in einer Zusatzausbildung, die ich für das Unternehmen neben meiner eigentlichen Arbeit machte und für die ich noch mindestens zwei Jahre brauchen würde.

»Sven, eine Sache hätte ich noch«, begann ich und merkte, wie mein Puls schneller schlug.

»Klar. Schieß los.«

»Du weißt ja, dass ich eine Leidenschaft fürs Schreiben habe. Im Moment bin ich voll auf die Arbeit konzentriert. Nebenher mache ich noch die Zusatzausbildung. Schreiben steht im Moment, allein aus Zeitgründen, überhaupt nicht auf meiner Agenda. Das heißt aber nicht, dass ich nicht irgendwann wieder schreiben will. Ich würde das Thema gerne nach meiner Ausbildung in zwei Jahren wieder angehen. Ich weiß nicht, ob es dann immer noch so wichtig für mich sein wird. Ich will es aber einfach jetzt schon mal sagen, damit du weißt, dass es, wenn es dann so weit ist, mir ein wirkliches Anliegen ist.«

Sven nickte und sah recht zufrieden aus. »Echt? Du willst wieder schreiben? Find ich gut.«

Mein Kopf glühte. Gleichzeitig war ich erleichtert, alles gesagt zu haben. »Ja, das würde ich echt gerne.«

Sven stand auf und ging zu einem der vielen Regale hinter seinem Schreibtisch. Er zog den Wortschatz aus den Bücherreihen heraus, meinen ersten Roman, den ich während meiner Studienzeit geschrieben habe.

»Du hast den hier?«, fragte ich voller Begeisterung.

»Ja, ich muss ihn noch zu Ende lesen. Hab es immer noch nicht geschafft. Als ich dich damals eingestellt habe, da habe ich die Hälfte gelesen. Meine Frau, die hat ihn komplett durch.«

Sven setzte sich wieder und legte den Wortschatz zwischen uns auf den Tisch. »Elias, mach das. Meine Unterstützung hast du. Bei deiner Bewerbung damals hatte ich fünf Lebensläufe auf meinem Schreibtisch. Das waren alles super Kandidaten. Gute Noten, gute Unis. Aber dass da jemand neben der Uni einen Roman schreibt, hatte ich bisher noch nicht gesehen. Dass dir das jetzt immer noch ein Anliegen ist, darf mich eigentlich nicht überraschen. Du wirst dann wahrscheinlich ein Sabbatical nehmen wollen?«

»Das weiß ich noch nicht«, antwortete ich. »Ich könnte mir auch Teilzeit vorstellen. Vielleicht eine Zeitlang nur drei Tage arbeiten.«

»Okay. Ist ja alles noch ein bisschen hin. Wenn es dann so weit ist, müssen wir halt sehen, wie wir das am besten organisiert bekommen, damit hier auch alles gut weiterläuft. Aber sag mal«, Sven schaute mich an, »weißt du schon, über was du schreiben willst?«

Ich musste schmunzeln. »Ein paar Ideen hab ich schon. Es soll auf jeden Fall ein bisschen realistischer werden. Nicht mehr ganz so fantasievoll wie Der Wortschatz.« Davon, dass mein nächstes Buch von der 3-Tage-Woche handeln würde, ahnte ich damals nichts.

»Na dann«, sagte Sven. »Ich bin gespannt.«

Mit Sven als Chef hatte ich großes Glück. Er hat hinter den Angestellten auch immer die einzelnen Menschen gesehen und sich wirklich für sie interessiert. Aber auch wenn man nicht so einen coolen Chef hat, bin ich überzeugt, dass es hilft, schon sehr früh seine Pläne und Wünsche zu teilen. Der Chef bekommt dann bereits die Gelegenheit, sich innerlich mit dem Thema auseinanderzusetzen und sich mit ihm langsam anzufreunden. Wenn man dann später mit einer ganz konkreten Anfrage auf ihn zukommt, wird es für ihn sehr schwierig sein, die Anfrage einfach so abzulehnen, weil er genau weiß, wie lange man das Thema schon mit sich herumträgt.

Als ich dann zwei Jahre später, nachdem ich meine Zusatzausbildung beendet hatte, wieder in Svens Büro stand, fragte ich ihn ganz konkret nach einem Sabbatmonat und nach einer gewissen Zeitspanne, in der ich nur drei Tage die Woche arbeiten wollte. Beidem stimmte er sofort zu.

Unabhängig von den Launen des Chefs hat man als Arbeitnehmer einen gesetzlichen Anspruch auf Teilzeit, sobald man länger als sechs Monate für das Unternehmen tätig ist.[163] Dabei zählt der Zeitpunkt der Antragstellung. Damit man diesen Anspruch geltend machen kann, muss das Unternehmen, für das man arbeitet, mindestens 15 Beschäftigte haben.[164] Auszubildende zählen dabei nicht mit, Teilzeitkräfte und damit auch geringfügig Beschäftige zählen hingegen voll. Hat das Unternehmen, für das du arbeitest, weniger als 15 Beschäftigte, kannst du dich nicht auf das Gesetz berufen. Hier helfen nur gute Argumente und ein wohlwollender Chef.

Wenn du weniger arbeiten möchtest, musst du deinem Chef deinen Wunsch nach Arbeitszeitverringerung spätestens drei Monate vorher schriftlich oder mündlich mitteilen, wobei die schriftliche Variante natürlich der bessere Beleg ist, dass du dies auch wirklich getan hast. Am besten ist es, wenn du in der schriftlichen Mitteilung auch schon direkt angibst, wie du deine zukünftige Arbeitszeit am liebsten einteilen willst.[165] Willst du nur noch Dienstag bis Donnerstag arbeiten, müsstest du das genau so schreiben. Machst du das nicht und schreibst zum Beispiel nur, dass du auf 60 Prozent reduzieren willst, kann dein Arbeitgeber die Arbeitszeit für dich nach seinem Dafürhalten einteilen. Der Antrag muss so formuliert sein, dass dein Chef mit einem einfachen Ja zustimmen kann. Also etwa so:

Sehr geehrter Herr Mustermann,

hiermit beantrage ich eine Arbeitszeitverringerung ab dem 1.11.2018. Ab diesem Zeitpunkt möchte ich nur noch dienstags, mittwochs und donnerstags Vollzeit arbeiten.

Sollten betriebliche Gründe gegen die Verwirklichung mei-

nes Arbeitszeitwunsches sprechen, beantrage ich hilfsweise eine Reduzierung meiner regelmäßigen Wochenarbeitszeit auf 60 Prozent der Vollzeitregelung. Die Teilzeitbeschäftigung soll befristet bis zum 1.11.2020 gelten. Sollten betriebliche Gründe gegen eine befristete Teilzeitbeschäftigung sprechen, beantrage ich hilfsweise eine unbefristete Teilzeitbeschäftigung.

Bitte geben Sie mir Rückmeldung, ob Sie meinen Antrag bewilligen. Sollten Sie Einwände haben, stehe ich gerne für ein Gespräch zur Verfügung.

Mit freundlichen Grüßen

Dein Chef kann deinen Wunsch nach Arbeitszeitreduktion ablehnen. Die Ablehnung muss spätestens einen Monat vor dem gewünschten Beginn der Teilzeitregelung erfolgen.[166] Ansonsten tritt die neue Arbeitszeitregelung, wie vom Mitarbeiter gewünscht, in Kraft. Dein Chef kann deinen Antrag allerdings nicht einfach so ablehnen. Er muss dir dafür nachvollziehbare betriebliche Gründe schriftlich vorlegen.[167] Der Gesetzgeber spricht in diesem Zusammenhang zum Beispiel von wesentlichen Beeinträchtigungen der Organisation, des Arbeitsablaufs oder der Sicherheit im Betrieb oder dem Entstehen unverhältnismäßig hoher Kosten für den Arbeitgeber.[168]

Der obige Antrag spricht von einer befristeten Teilzeitbeschäftigung. Zwar hast du bisher dem Gesetz nach keinen Anspruch darauf, die einmal reduzierte Arbeitszeit wieder auf Vollzeit zu erhöhen. Es schadet aber nicht, in dem Antrag nach einer Befristung zu fragen. Hast du Glück und dein Arbeitgeber stimmt zu, erhältst du die Option, später wieder Vollzeit zu arbeiten. Gleichzeitig wurde im Januar 2017 bekannt, dass die Regierung an einem Gesetzesentwurf arbeitet, der Arbeitnehmern zusichert, nach einer zeitlich begrenzten Teilzeit wieder auf die ursprüngliche Arbeitszeit erhöhen zu können.[169] Der Gesetzentwurf ist vorerst gescheitert, weshalb noch einige Zeit vergehen kann, bis eine ähnliche Regelung verabschiedet wird.

Stimmt dein Arbeitgeber der Befristung nicht zu, kannst du, wenn es so weit ist, zumindest noch den Wunsch äußern, wieder mehr arbeiten zu wollen. Der Arbeitgeber muss dich dann bevorzugt behandeln, wenn eine entsprechende Vollzeitstelle ausgeschrieben wird.

Den Antrag auf Teilzeitarbeit kannst du nur einmal alle zwei Jahre stellen. Wenn du also gerade auf 80 Prozent reduziert hast, kannst du nicht sechs Monate später auf 60 Prozent reduzieren. Das geht dann erst wieder nach zwei Jahren.[170] Der beispielhafte Antrag fragt deshalb auch nach einer Befristung über zwei Jahre. Sind die zwei Jahre vorbei und du willst eigentlich gar nicht wieder Vollzeit arbeiten, kannst du einfach einen neuen Antrag stellen.

Während der Elternzeit verhält sich das anders. Hier darfst du zweimal einen entsprechenden Antrag stellen. Die Teilzeit muss dabei zwischen 15 und 30 Wochenstunden liegen und für mindestens zwei Monate vereinbart werden. Dabei hast du einen gesetzlichen Anspruch darauf, nach der Teilzeit wieder Vollzeit zu arbeiten. In der Elternzeit reichen nachvollzieh-

bare betriebliche Gründe nicht aus, um einen Antrag abzuleh-
nen. Es müssen dringende betriebliche Gründe vorliegen. Da-
bei müssen sich diese erheblichen Beeinträchtigungen für den
Betrieb gerade aus der Teilzeittätigkeit ergeben, da die Alter-
native ja wäre, dass der Mitarbeiter in Elternzeit überhaupt
nicht arbeitet.[171] *Auf das Thema Elterngeld und Elternzeit*
gehen wir in Tipp 28 genauer ein.

Tipp 18:

Warum du Wohnungen im Ruhrgebiet kaufen solltest

In der Liste der größten Metropolregionen der Welt taucht Berlin erst gar nicht auf. Nur ein einziger deutscher Name findet sich ziemlich genau in der Mitte der Liste: Rhein-Ruhr. Mit rund zehn Millionen Menschen wohnen hier etwa halb so viele Menschen wie in und um New York[172] oder Peking.[173]

Bei Investments in Immobilien kann man grundsätzlich zwei Ansätze verfolgen:

1. Den spekulativen Ansatz
2. Den Renditeansatz

Beim spekulativen Ansatz kauft man sich eine Wohnung in einer bestimmten Region, weil man glaubt, dass dort die Immobilienpreise steigen und die Wohnung in ein paar Jahren wesentlich mehr wert sein wird. Wenn man die Wohnung mindestens zehn Jahre besessen hat, kann man sie verkaufen, ohne auf den erzielten Gewinn Steuern zahlen zu müssen.[174] Das Problem beim spekulativen Ansatz ist, dass es sehr schwer ist, zukünftige Preissteigerungen vorherzusagen. Und selbst dort, wo man gute Gründe hat, solche anzunehmen, ist es dann doch nicht so leicht, wie man vielleicht denkt.

Nehmen wir München. Mit der Allianz, BMW, Linde, Munich Re, Siemens, Infineon und ProSiebenSat.1 Media sind gleich sieben DAX-Unternehmen im Raum München ansässig – absoluter Rekord in Deutschland.[175] In München brummt die Wirtschaft. Entsprechend hoch ist der Zuzug von gut ausgebildeten jungen Leuten, die in München einen Job gefunden haben. Die beiden renommierten Münchener Universitäten tragen noch ihren Teil bei. So ziehen nicht nur Arbeitnehmer, sondern auch Studenten in die südlichste Metropole Deutschlands. Hier liegt die Vermutung also nahe, dass in Zukunft die Immobilienpreise weiter steigen werden. Geradezu perfekt also für den spekulativen Ansatz.

Jetzt ist es aber so, dass in den letzten Jahren viele Investoren ihr Geld genau aus diesem Grund in Münchener Immobilien investiert haben. Und es haben auch solche investiert, die bereits damit zufrieden sind, in den nächsten Jahren den Wert ihres Geldes zu erhalten. Die Eurokrise, die mögliche Pleite Griechenlands, der Brexit, die Wahl von Donald Trump – all das hat dazu beigetragen. Die Sicherheit, die München ökonomisch bietet, ist im heutigen Preisniveau bereits eingepreist. So sind in München seit 2011 Immobilien um 88 Prozent teurer geworden.[176] Darauf zu wetten, dass in Zukunft noch mehr Investoren bereit sind, noch höhere Preise zu zahlen, ist spekulativ. Man kann diesem Ansatz folgen, es spricht aber vieles dafür, ihn nicht zu fahren. Der Blick auf den Renditeansatz macht dies deutlich.

Beim Renditeansatz wird eine mögliche zukünftige Wertänderung – ob positiv oder negativ – erst einmal völlig vernachlässigt. Man interessiert sich nur für das Hier und Jetzt. Welche jährlichen Mieteinnahmen kann ich aktuell generieren, und wie viel Geld muss ich dafür heute investieren? Als Immobilienkäufer zahlt man in München im Moment durchschnittlich 7000 Euro pro Quadratmeter für eine Eigentumswohnung.[177] Wenn man diesen Quadratmeter dann vermietet, werden durchschnittlich 17,90 Euro kalt pro Monat fällig, im Jahr sind das 12 × 17,90 € = 195,60 € Kaltmiete pro Quadratmeter.[178] Wenn man die Kaufnebenkosten vernachlässigt, die, je nach Bundesland und möglichen Maklerkosten, zwischen 5 Prozent und 15 Prozent des Kaufpreises schwanken, kommt man so auf eine Rendite von 195,60 €/7000 € = 2,8 %.

In Dortmund dagegen zahlt man im Moment durchschnittlich 1360 € pro Quadratmeter.[179] Die durchschnittliche Kaltmiete liegt bei 6,60 € im Monat, also 12 × 6,60 € = 79 € im Jahr.[180] Dies ergibt eine Rendite in Höhe von 79 €/1360 € = 5,8 %. Die Rendite in Dortmund ist also mehr als doppelt so hoch als in München.

Der Renditeansatz empfiehlt also erst einmal klar die Investition in Dortmund. Aber was ist mit der Leerstandsquote? Ist es in Dortmund nicht viel wahrscheinlicher, eine Wohnung nicht vermietet zu bekommen? In Dortmund liegt die Leerstandsquote mit 2,5 Prozent[181] tatsächlich höher als in München, wo es so gut wie überhaupt keinen Leerstand gibt.[182] Dennoch ist auch der Wert für Dortmund immer noch extrem gering, speziell, wenn man bedenkt, dass dabei auch solche Wohnungen berücksichtigt werden, die so starke Mängel aufweisen, dass sie im Moment überhaupt nicht zur Vermietung angeboten werden. Eine solche Wohnung würde man sich erst gar nicht kaufen. Auf das Thema Leerstand gehen wir gleich noch mal ein.

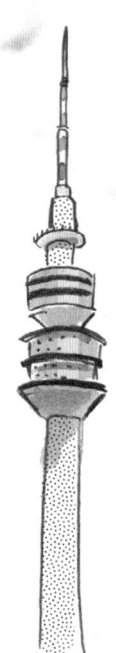

Es wäre aber naiv, beim Renditeansatz nur ins Hier und Jetzt zu schauen und den Blick in die Zukunft völlig zu vernachlässigen. In München wettet man auf weiter steigende Immobilienpreise. Das mag zutreffen: Investoren sind vielleicht bereit, mit geliehenem Geld immer höhere Preise zu zahlen. Die Banken

machen mit und vergeben großzügig Immobilienkredite. Aber was ist eigentlich mit den Mietern?

Für eine 60-Quadratmeter-Wohnung zahlt man in München im Moment im Durchschnitt eine Kaltmiete in Höhe von 1074 Euro im Monat. In Dortmund zahlt man für die gleiche Wohnung 396 Euro. Was passiert also, wenn es Deutschland in ein paar Jahren wirtschaftlich nicht mehr ganz so gut gehen sollte, wie es heute der Fall ist? Wo werden die Mieten, und damit die Renditen aus den schon gekauften Wohnungen, schneller fallen? In München oder in Dortmund? Und was passiert, wenn es Deutschland wirtschaftlich noch besser geht als heute? Wo haben die Mieten dann mehr Potential zu steigen? In München oder in Dortmund?

Und es gibt sogar noch ein weiteres Argument für Dortmund: Nehmen wir an, wir vermieten dort zehn Jahre lang eine Wohnung. In den zehn Jahren haben wir durch die höhere Rendite dann $10 \times (5,8\% - 2,8\%) = 10 \times 3,0\% = 30\%$ des ursprünglichen Kaufpreises mehr verdient als in München. Der Zinseszins ist dabei noch gar nicht berücksichtigt. Allein um dies auszugleichen, müssten die Immobilien in München innerhalb von zehn Jahren 30 Prozent an Wert zulegen. Klar ist das möglich. Aber es bleibt Spekulation. Die hohe Rendite in Dortmund ist aber bereits heute Wirklichkeit.

Und was ist mit den Immobilienpreisen im Ruhrgebiet? Könnten diese nicht auch steigen? Steigende Immobilienpreise hängen hauptsächlich von vier Einflussfaktoren ab, die zum Teil miteinander in Verbindung stehen:

1. Demographischer Wandel
2. Jobs
3. Lebensqualität
4. Zinsumfeld

Seit 1972 ist in Deutschland die Sterberate höher als die Geburtenrate.[183] Ohne Einwanderung müsste die Bevölkerung also stetig schrumpfen. Für Immobilien bedeutet das erst einmal einen steigenden Leerstand und damit auch fallende Immobilienpreise. Die Städte sind davon wesentlich weniger betroffen als die ländlichen Regionen. Die Menschen ziehen oft dorthin, wo sie Jobs finden, die medizinische Versorgung besser ist und es ein größeres Kultur- und Freizeitangebot gibt. Das alles bieten Städte.

Das Ruhrgebiet besteht aus 53 Städten,[184] die auf engstem Raum miteinander verbunden sind. Die Hälfte der Städte haben jeweils mehr als 50 000 Einwohner, 13 Städte mehr als 100 000 Einwohner, und allein in Duisburg, Dortmund und Essen leben zusammen über 1,6 Millionen Menschen.[185] Zum Vergleich: München hat gerade einmal 1,5 Millionen Einwohner.

2015 ist die Bevölkerung Deutschlands um 978 000 Einwohner gewachsen.[186] Das ist der höchste Bevölkerungszuwachs seit 25 Jahren, gespeist durch die hohen Flüchtlingszahlen, die Deutschland 2015 erreichten. Das Ruhrgebiet hat dabei überproportional vielen Menschen Asyl gewährt. Aber Flüchtlinge sind nicht der einzige Grund, warum in Städten wie Dortmund oder Bochum die Bevölkerungszahl steigt. Es hat auch viel mit dem Ruhrgebiet selbst zu tun.

150 Jahre lang war man dort von der Kohle abhängig. Zwischen 1850 und 1961 stieg die Bevölkerung von 400 000 auf ihr bisheriges Maximum von 5,67 Millionen.[187] Mit Beginn der Kohlekrise zogen viele Arbeitskräfte in andere Industriegebiete Deutschlands. Gleichzeitig läutete dies Maßnahmen zu einem umfangreichen Strukturwandel ein. Das Ruhrgebiet hat dabei den Dienstleistungssektor für sich entdeckt, besonders im medizinischen Bereich und der Logistikbranche. Heute gibt es 127 Kliniken und über 9000 Arztpraxen, die eine besonders dichte medizinische Versorgung sicherstellen. Die Güterverkehrslogistik ist gemessen am Umsatz nach Handel und Automobilindustrie der wichtigste Wirtschaftszweig Deutschlands. Das Ruhrgebiet ist in der Logistikbranche führend. 1962 wurde mit der Ruhr-Universität Bochum die erste Universität des Ruhrgebiets gegründet. Heute hat man mit fünf Universitäten, fünfzehn Fachhochschulen und einer Kunsthochschule die dichteste Hochschullandschaft Europas. Die ehemaligen Zechengelände wurden renaturiert oder bieten heute Platz für Ausstellungen, Museen und Ateliers. 2010 wurde Essen, stellvertretend für das gesamte Ruhrgebiet, mit dem Titel »Kulturhauptstadt Europas« ausgezeichnet. Das Ruhrgebiet bietet Lebensqualität.[188]

Es ist also durchaus denkbar, dass auch in den Städten des Ruhrgebiets die Immobilienpreise steigen könnten. Der Unterschied zu München ist nur, dass sich ein Investment auch dann lohnt, wenn die Preise nicht steigen.

Und woher soll das Geld für den Immobilienkauf kommen? Bleiben wir bei den beiden Beispielen. Für die

60-Quadratmeter-Wohnung in München zahlt man im Moment ungefähr 60 qm × 7000 €/qm = 420 000 €. Die gleiche Wohnung in Dortmund kostet 60 qm × 1360 €/qm = 81 600 €.

Geld ist im Moment sehr billig zu haben. Für einen Immobilienkredit zu Bestkonditionen mit zehnjähriger Laufzeit zahlt man im Moment ungefähr 1,10 Prozent Zinsen.[189] Da die Rendite auf dein Wohnungsinvestment viel höher ist als die fälligen Kreditzinsen (in München 2,8 Prozent, in Dortmund 5,8 Prozent), lohnt es sich, möglichst viel von diesem billigen Geld als Kredit aufzunehmen. Je mehr Geld du aufnimmst, desto mehr Wohnungen kannst du kaufen. Die Banken erwarten bei deinem Immobilienkredit zumindest, dass du die Kaufnebenkosten aus eigenen Ersparnissen zahlen kannst. Den Rest geben sie bereitwillig als Kredit. Wir nehmen mal an, dass die Kaufnebenkosten bei 10 Prozent des Kaufpreises liegen. Damit musst du für die Wohnung in München mindestens 10 % × 420 000 € = 42 000 € aus eigenen Ersparnissen aufbringen, damit dir eine Bank den restlichen Kaufpreis finanziert – eine ganz schön hohe Summe.

In Dortmund sieht es da besser aus. Hier sind »nur« 10 %

× 81 600 € = 8160 € eigene Ersparnisse nötig. Einen Immobilienkredit, der dir den kompletten Kaufpreis ohne Kaufnebenkosten finanziert, wird »100-Prozent-Finanzierung« genannt. Bei einer 100-Prozent-Finanzierung bekommst du in der Regel nicht die Bestkonditionen von derzeit 1,10 Prozent Zinsen. Stattdessen würdest du im Moment 1,67 Prozent zahlen.[190] Bestkonditionen gibt es meist erst dann, wenn man auch einen Teil des eigentlichen Kaufpreises aus eigenen Ersparnissen begleicht. Bei einer 80-Prozent-Finanzierung zum Beispiel zahlt man zusätzlich zu den Kaufnebenkosten noch 20 Prozent des Kaufpreises selbst, nur 80 Prozent werden von der Bank finanziert.

Wenn du Glück hast, gerätst du aber an Kreditberater, die dir auch bei einer 100-Prozent-Finanzierung die Bestkonditionen ermöglichen. Dies geschieht bei Wohnungen im Ruhrgebiet besonders häufig. Wenn die Wohnung wie in unserem Beispiel 81 600 Euro kosten soll, bewertet der Kreditberater die Wohnung in seinem Bewertungsprogramm trotzdem höher, zum Beispiel mit einem Wert von 102 000 Euro. Wenn du dann aber nur 81 600 Euro aufnimmst, wird so aus der 100-Prozent-Finanzierung eine 81 600 €/ 102 000 € = 80 %, also eine 80-Prozent-Finanzierung.

Das funktioniert immer dann besonders gut, wenn du es schaffst, am Markt ein Schnäppchen zu finden, das heißt eine Wohnung, die günstiger ist als der momentane durchschnittliche Preis. Kreditberater überschätzen oft mal den Wert von Immobilien im Ruhrgebiet, weil dort die Preise sowieso sehr niedrig sind. Der Unterschied zwischen einer 80-Prozent- und einer 100-Prozent-Finanzierung sind am

Ende gerade einmal 102 000 € − 81 600 € = 20 400 €. In München sieht das anders aus. Hier müsste die Immobilie, die 420 000 Euro kostet, mit 420 000 €/80 % = 525 000 € bewertet werden, um den gleichen Effekt zu erhalten. Das wird der Kreditberater mit großer Wahrscheinlichkeit nicht machen.

Und jetzt noch die schönste Rechnung von allen. Angenommen, du hast die Wohnung in Dortmund gekauft. Die Kaltmiete beträgt 12 × 396 € = 4752 €. Für den Kredit über 81 600 Euro musst du der Bank 1,10 Prozent Zinsen zahlen, also 1,10 % × 81 600 € = 898 € Zinsen im Jahr. Damit bleiben dir Einnahmen in Höhe von 4752 € − 898 € = 3854 € im Jahr übrig. Dafür musstest du für die Kaufnebenkosten Ersparnisse in Höhe von 8160 Euro investieren. Deine Rendite auf dein eingesetztes Kapital liegt also bei ca. 3854 €/8160 € = 47 % pro Jahr. Würdest du die 8160 Euro nicht investieren, sondern nur auf deinem Sparbuch liegen lassen, würdest du nicht 47 Prozent bekommen, sondern vermutlich 0,3 Prozent Zinsen. Jetzt verstehst du, was es bedeutet, seine Rendite durch die Aufnahme eines Kredites zu *hebeln*. Aus 5,8 Prozent Mietrendite werden so 47 Prozent Eigenkapitalrendite. Der Hebel liegt bei über acht. Und selbst wenn du deinen Kredit nicht zu Bestkonditionen bekommen solltest, würde deine Rendite immer noch bei etwa 42 Prozent liegen.[191]

Um die Übersichtlichkeit beizubehalten, haben wir bei den Rechnungen die Steuer außen vor gelassen.[192] Aber auch hier gilt: Ein gutes Investment bleibt ein gutes Investment – auch nach Abzug der Steuern. Außerdem haben wir bei den Mieteinnahmen keine Rücklagen abgezogen, die man bilden sollte, um zukünftige Renovierungsarbeiten in der Wohnung zu zahlen. Rechnet man diese Faktoren mit ein, sinkt die Rendite von 47 Prozent wieder etwas.

Auf der anderen Seite kann man aber argumentieren, dass man es vermutlich auch schafft, Wohnungen am Markt zu kaufen, für die man weniger zahlt als die aktuellen durchschnittlichen Preise. So findet man auf den Immobilienportalen in Dortmund auch immer wieder Wohnungen, die nicht 1360 Euro pro Quadratmeter kosten, sondern nur 1100 Euro. Außerdem findet man auch immer wieder Mieter, die bereit sind, für eine schöne Wohnung mehr zu zahlen als die Durchschnittsmiete am Markt. Berücksichtigt man dies, kann man auch auf eine Rendite kommen, die höher liegt als die 47 Prozent.

Es ist im Moment schwer, eine Anlageklasse zu finden, die in der Lage wäre, eine Rendite von über 47 Prozent zu schlagen. Deshalb ist die Versuchung groß, möglichst viel Geld in diese eine Anlageklasse zu investieren. Die meisten werden wissen, dass man seine Investments möglichst diversifizieren sollte. Man sollte also nicht alles auf eine Karte setzen. Jetzt ist das Investment hier aber gerade so verlockend, dass man vielleicht nicht anders kann und voll ins Risiko gehen möchte. Also doch alles auf eine Karte – Immobilien im Ruhrgebiet.

Wenn du das tatsächlich willst, bietet dir das Ruhrgebiet

zumindest eine gute Möglichkeit, innerhalb dieser Anlage-klasse zu diversifizieren: Bei »gerade einmal« um die 8000 Euro, die du pro Wohnung einzusetzen hast, ist es dir eventuell möglich, gleich mehrere Wohnungen in unterschiedlichen Häusern und unterschiedlichen Lagen zu kaufen. Je mehr Wohnungen du in verschiedenen Lagen besitzt, desto besser bist du gegen einen möglichen Leerstand abgesichert. Es ist dann einfach unwahrscheinlich, dass alle deine Wohnungen gleichzeitig nicht vermietet werden können. Wenn dann eine Wohnung mal ausfällt, erwirtschaften die Miet-einnahmen der anderen Wohnung insgesamt immer noch eine ordentliche Rendite.

Gleich mehrere Wohnungen auf einmal zu kaufen hört sich für jemanden, der bisher noch nie eine Wohnung gekauft hat, wahrscheinlich ziemlich ungewohnt an. Hat man aber erst einmal die erste Hürde genommen und Wohnung Nr. 1 gekauft, fällt die Hemmschwelle. So wild ist das alles nämlich gar nicht. Wohnung Nr. 2 oder sogar Nr. 3 zu kaufen ist dann gar keine große Sache mehr, wenn das nötige Eigenkapital vorhanden ist.

Und wie soll das jetzt praktisch gehen? Du wohnst ja vielleicht gar nicht im Ruhrgebiet. Für die eigentliche Kauf-entscheidung müsstest du dir schon mal eine Woche Urlaub nehmen und ins Ruhrgebiet fahren (mittlerweile gibt es dort ja auch einige Kulturattraktionen ☺). Du vereinbarst im Voraus zahlreiche Besichtigungstermine, die du dann in der einen Woche gebündelt wahrnimmst. Am Ende entscheidest du dich für die Wohnung, die du gerne kaufen möchtest. Für die Notartermine musst du dich wegen Ort und Zeit mit dem Verkäufer absprechen. Danach kannst du die Mietersuche, eventuell notwendige Handwerkerleistungen und die Nebenkostenabrechnungen komplett spezialisierten Wohnungsverwaltungen überlassen. Diese vertreten dich dann sogar bei Eigentümerversammlungen und geben bei Entscheidungen ihre Stimme in deinem Namen ab. Die Kosten für das Rundum-sorglos-Paket liegen bei ungefähr 5 Prozent der monatlichen Kaltmiete.[193] Dadurch sinkt natürlich deine Rendite auch wieder ein wenig, aber es ist gleichzeitig auch sehr bequem.

Warum wir es uns
trotzdem nicht trauen

Ich weiß noch, wie ich Anfang 2013 mit meinem Kumpel Mario in einem Pub in New York saß. Ich arbeitete zu der Zeit für ein paar Wochen in den USA, und Mario kam aus Deutschland zu Besuch.

Ein paar Wochen zuvor hatte ich meine allererste Wohnung gekauft. Ich war 27 Jahre alt, der Verkäufer und meine erste Mieterin waren beide schon über sechzig – ich fühlte mich verdammt jung und unerfahren. In dem Pub in New York erzählte ich Mario davon.

»Nein! Das glaub ich dir jetzt nicht!«

»Ist so. Komm. Ich zeig sie dir.« Ich zückte das Handy und öffnete die Fotos.

»Wie cool!« Mario wischte über das Display.

»Der vorherige Eigentümer hat sie vor einem Jahr noch renoviert. Man muss kaum was dran machen.«

»Und warum hat er verkauft?«

»Er hat die Wohnung für die Rente haben wollen. Seine Schwiegermutter ist jetzt krank geworden. Seine Frau kommt aus Indonesien. Sie wandern dorthin aus, damit sie sich um die Mutter kümmern können.«

Mario gab mir das Handy zurück und griff nach seinem

Guinness. »Ich kann es nicht glauben. Da kauft er sich einfach eine Wohnung.«

Ich grinste. »So ist es.«

Mario hob sein Glas. »Darauf stoßen wir an.« Die Gläser klirrten, er nahm einen großen Schluck. »Und wer wird jetzt einziehen?«

»Ich hab schon eine Mieterin. Eine ältere Dame. Sie ist Lehrerin, geht aber in zwei Jahren in Pension. Sie hat etwas Kleineres gesucht und zieht mit ihren beiden Katzen ein.«

»Hört sich echt gut an«, sagte Mario. »Mit den Katzen würde ich aber aufpassen. Nicht, dass sie dir nachher die ganze Wohnung zerkratzen.«

»Gut«, ich nickte, »auf der anderen Seite hat sie auch Kaution gezahlt. Im Zweifel kommt sie dafür auf. Mir ist wichtig, dass sie möglichst lange dort wohnen bleibt.«

»Und finanziell? Du hast doch letztes Jahr erst angefangen zu arbeiten.«

Ich musste wieder grinsen. »Kommt alles von der Bank, nur 5000 Euro vom Konto. 80 000 Euro hab ich aufgenommen.«

»85 000 Euro? Krass. In Münster würdest du dafür keine Wohnung kriegen. Wie groß ist sie?«

»70 Quadratmeter.«

»Nicht schlecht.« Er trank noch einen Schluck. »Warum machen die Banken das? Du hast keine Kohle auf dem Konto. Trotzdem geben sie dir 80 000 Euro.«

»Ich habe meinen Job. Der Vertrag ist unbefristet. Und die Mietrendite ist gut. Nach allen Nebenkosten bleiben 7 Prozent Rendite. Der Zins liegt bei 2,1 Prozent. Die Wohnung zahlt sich von alleine ab. Und wenn ich jeden Monat noch etwas

Geld drauflege, ist der Kredit nach zehn Jahren zurückgezahlt. Die Bank hält das Risiko offensichtlich für überschaubar.«

»Pff, das gibt es doch gar nicht.« Er schlug mir auf die Schulter. »Du bekommst 7 Prozent Rendite? Warum macht das dann nicht jeder so?«

»Ich glaube, nicht jeder traut sich. Es gibt schon Risiken. Wenn du Leerstand hast, oder einer zahlt einfach nicht mehr.«

Mario nickte. »Ja, ja, aber jetzt bei deiner Lehrerin. Wenn sie erst mal in Pension ist. Was soll da passieren?«

»Eben. Also, Mario, was ist mit dir? Mach doch einfach das Gleiche.«

Er lachte. »Neenee, für mich ist das nichts. Wo du kaufst, kenn ich mich nicht aus. Und in Münster sind die Preise schon viel zu hoch. Ich sehe zu, dass ich jetzt etwas spare, und in ein paar Jahren baue ich mir ein Haus. Vermieten ist nichts für mich.«

Heute, vier Jahre später, bin ich noch immer gut mit Mario befreundet. Vor zwei Wochen hat er mich sogar gefragt, ob ich nächstes Jahr sein Trauzeuge werden möchte. Er ist also auf einem guten Weg, seine Worte von damals wahr zu machen. Mal schauen, wie lange es noch dauert, bis er sich wirklich dazu entschließt zu bauen. Bis dahin hat er aber ganz schön viel Geld liegen gelassen. Die erste Wohnung hätte ihm jedes Jahr 7 % − 2,1 % = 4,9 % Zinsen auf 85 000 Euro gebracht, jedes Jahr also 4,9 % × 85 000 € = 4165 €. Würde er wirklich in zwei Jahren bauen, wären das dann fast 25 000 Euro, die er bis dahin aus den Mieteinnahmen verdient hätte. Die Wertsteigerungen der letzten Jahre sind dabei nicht berücksich-

tigt, weil man diese nur schlecht vorhersagen kann und sich damit gerne schlechte Investments schönrechnet.

Aber warum hat Mario bei unserem Gespräch damals gleich abgewunken? Im selben Haus stand zu der Zeit noch eine Wohnung zum Verkauf. Wir hatten auch darüber noch geredet. Für ihn stand aber glasklar fest, dass Vermieten nichts für ihn sei. Die Argumente hätten noch so gut sein können. Wenn er sich eine Wohnung kaufe, dann nur, um darin selbst zu wohnen.

Vor kurzem habe ich mit Mario noch einmal über die Sache gesprochen. In seiner Familie hat noch nie jemand etwas vermietet. Wenn er jetzt plötzlich anfangen würde, Wohnungen zu kaufen, hätte er das Gefühl, etwas Ungehöriges zu tun, was ihn einem großen Risiko aussetzt. Ginge das schief, wäre das ganz allein seine Schuld. Niemand hat es ihm schließlich vorgelebt.

Wir werden schon früh in unserem Leben dazu erzogen, den »normalen« Weg zu gehen. Als Kind sollen wir in der Schule auf den Lehrer hören. Wir lernen Zusammenfassungen von Texten zu schreiben, die andere geschrieben haben. Wir analysieren Gedichte. Wir lernen Schemata kennen, nach denen man Matheaufgaben löst. Am Ende der Schulzeit gibt es viele Schüler, die selbst Lehrer werden möchten. Das Lehramtsstudium wirkt am vertrautesten. Wenn jemand diesen Weg geht, ist das gesellschaftlich sofort akzeptiert. Da ist ein Mensch, der einen Weg einschlägt, der sich in der Vergangenheit bewährt hat.

Gleichzeitig ist es verdammt schwer, den »normalen« Weg

zu verlassen. Für den ersten Tag, an dem du mit pink gefärbten Haaren in die Schule gehst, brauchst du Mut. Wenn du am Ende deiner Schulzeit sagst, dass es dir nicht reicht, Texte nur zusammenzufassen, sondern du dich jetzt erst einmal selbst an Gedichten versuchen willst und an eigenen Texten arbeiten möchtest, bevor du anfängst zu studieren, schlägt dir Unverständnis entgegen. Deine Eltern machen sich Sorgen um deine Zukunft. Den meisten anderen passt es nicht ins Weltbild. Sie kennen einfach niemanden, der so etwas schon einmal gemacht hat.

Diese Reaktionen sind Ausdruck eines natürlichen Schutzmechanismus, den es überall in der Natur gibt. Die Eltern leben den Kindern etwas vor. Die Kinder ahmen es nach. Wenn ein Kind etwas anders macht, wird korrigiert. Dadurch wird sichergestellt, dass Dinge, die sich in der Vergangenheit bewährt haben, erhalten bleiben und von der nächsten Generation übernommen werden. Im Falle der Gedichte und der eigenen Texte ist es vermutlich gut, wenn das innere Bedürfnis, vom »normalen« Weg nicht zu stark abzuweichen, so groß ist, dass man stattdessen doch lieber eine Ausbildung oder ein Studium beginnt. In anderen Bereichen kann diese Risikoscheu, die in Deutschland besonders stark ausgeprägt ist, Folgen haben, über die sich zumindest streiten lässt.

In Amerika spricht man in diesem Zusammenhang von der German Angst. Der Ausstieg aus der Atomkraft ist dafür ein Beispiel. Aber auch die Skepsis gegenüber der Datensammellust von Facebook oder Google. In Google Street View stammen die Bilder deutscher Wohnhäuser aus dem Jahr 2010. Google weigert sich, die Bilder zu aktualisieren, solange es in Deutschland das Recht gibt, der Veröffentlichung bereits zu widersprechen, wenn die Bilder noch gar nicht online gegangen sind.[194] Als Deutscher hat man damit überhaupt kein Problem, im Gegenteil. Für Amerikaner gilt das als typisch deutsch.

Aus deutscher Sicht lassen sich die obigen Beispiele gut begründen. Wo uns diese German Angst aber wirklich schadet, ist bei den Neugründungen von Unternehmen. Laut dem Institut für Mittelstandsforschung in Bonn gab es seit 2011 jedes Jahr mehr Unternehmensaufgaben als Existenzgründungen.[195] Dabei erfolgte jede zehnte Gründung durch Erbfolge oder Kauf eines schon bestehenden Unternehmens.[196] Wer in Deutschland ein Unternehmen gründet, wird von seiner Umgebung erst einmal kritisch beäugt. Unternehmensgründer verlassen schließlich den »normalen« Pfad. Sobald jemand mit seinem Plan dann scheitert, fühlen sich alle um ihn herum bestätigt. »Das hab ich doch gleich gewusst. Das konnte ja nicht gutgehen.«

Meine Schwester ist Floristin. Mit 25 hat sie ihren eigenen Blumenladen eröffnet. Als ihr jüngerer Bruder stand ich damals in der Fußgängerzone und habe den Leuten Flyer in die Hand gedrückt und sie zu Glühwein und Waffeln in den neuen Laden eingeladen. Ich war sehr stolz auf meine Schwester. Vor ein paar Monaten hat sie ihr Geschäft geschlossen. Es lief nicht mehr so gut. Um das Ruder herumzureißen, hätte sie noch einmal viel Kraft und Energie in den Laden investieren müssen. Diese Kraft hatte sie nicht mehr. Eine Festanstellung mit dreißig Tagen Urlaub im Jahr und einem richtigen

Wochenende erschienen ihr als die bessere Alternative. Während des Räumungsverkaufs kamen immer wieder Kunden in den Laden, die sie mitleidig fragten: »Hat es nicht geklappt?«

Meine Schwester hat das immer ziemlich aufgeregt, weil es ja eigentlich sehr wohl geklappt hat. Sie hat den Laden zehn Jahre lang erfolgreich geführt. Durch die Geschäftsaufgabe hatte sie das Gefühl, verspätet die Erwartung der Leute zu erfüllen und ihnen damit eine gewisse Genugtuung zu verschaffen. So als bräuchten sie eine Bestätigung dafür, dass es gut war, selbst nie etwas Vergleichbares im Leben gewagt zu haben.

In den USA ist das anders. Hier ist die Gründung eines eigenen Unternehmens das eigentliche Ziel. Die Arbeit als Angestellter ist entweder nur der Weg dorthin oder der ungeliebte Plan B, wenn es für die Selbständigkeit nicht reicht. Scheitern ist dabei Teil des Wegs zum Erfolg und wird gesellschaftlich voll akzeptiert.

Aber was hat das jetzt alles mit Mario und diesem Buch zu tun? Mario hat die Wohnung damals nicht gekauft, weil er das von zu Hause nicht kannte. Seine Eltern haben selbst nie vermietet. Er hätte also den »normalen« Weg verlassen müssen, um etwas zu wagen. Wenn bei der Vermietung dann etwas schiefgegangen wäre, hätte er es verantworten müssen.

Bei Dominik war das anders. Zwar haben auch seine Eltern nie selbst vermietet. Als ich ihm von meinem ersten Wohnungskauf erzählt habe, fing er jedoch an, den Wohnungsmarkt genau zu beobachten. Er hat sich nicht von seiner Angst leiten lassen, sondern auf die Fakten geschaut. Kurze Zeit später *kaufte er seine erste Wohnung und machte (wie sollte es auch anders sein) sogar noch ein paar Prozentpunkte mehr Rendite als ich.*

Durch den ersten Kauf überwindet man eine Schwelle. Man merkt, dass alles viel weniger dramatisch ist, als man dachte. So, wie man häufig auch aus einer Prüfung herausgeht und denkt: »Mensch, warum hast du dich eigentlich so verrückt gemacht? So schlimm war das doch gar nicht.« Kaum war bei Dominik diese Schwellenangst überwunden, hat es nicht lange gedauert, bis er die nächste Wohnung gekauft hat. Das Investment war einfach zu attraktiv. Die reinen Fakten sprachen dafür.

Die Scheu, vom »normalen« Weg abzuweichen, betrifft nicht nur den Kauf von Wohnungen, sondern genauso die 3-Tage-Woche selbst. Lara, eine gute Freundin von mir, die im selben Unternehmen arbeitet, hat vor kurzem auf 80 Prozent reduziert. Die 3-Tage-Woche hat sie also noch nicht erreicht. Aber immerhin, mit ihrem 80-Prozent-Vertrag arbeitet sie nur noch vier Tage die Woche. Sie kann ihre Arbeitszeit sogar ganz flexibel gestalten. In einer Woche, in der es viel zu tun gibt, arbeitet sie Vollzeit und holt ihren freien Tag in der darauffolgenden Woche nach, in der sie dann nur drei Tage arbeitet.

Bei der Arbeit wurde sie schon von einem neuen Kollegen darauf angesprochen. Er fragte, ob das Plan B...aby sei. Darum geht es ihr aber überhaupt nicht. Sie hat keine Kinder und ist auch nicht schwanger (soweit ich das beurteilen kann). Lara hat einfach viele Hobbys. Sie spielt Beachvolleyball, macht gerne Yoga, hat gerade ihren ersten Segelschein absolviert und fängt jetzt auch noch mit Windsurfen an. Sie will einfach mehr Zeit für diese Dinge haben. Das ist alles.

Lara hat mir erzählt, wie sie ihre Eltern zum Essen eingeladen hat. Nachdem sie alle bestellt hatten – ihr Freund Frederick war auch dabei –, nahm Lara all ihren Mut zusammen.

»Ich wollte euch noch etwas erzählen.« Lara vermied es, ihre Mutter anzuschauen. »Ich habe meinen neuen Arbeitsvertrag bekommen. Ich arbeite jetzt nur noch 80 Prozent.«

»Um Gottes willen. Warum das denn?«, entfuhr es ihrer Mutter.

»Ich möchte einfach wieder ein bisschen mehr Zeit für mich haben.«

»Mehr Zeit für dich?« Ihre Mutter schaute sie ungläubig an. »Wenn du jetzt schon mehr Zeit für dich brauchst, wie soll das denn dann erst aussehen, wenn du Kinder hast?«

»Was hat das denn damit zu tun?« Laras Kopf lief rot an. »Du hast doch selber nur an drei Vormittagen gearbeitet, als du Anna und mich hattest.«

»Eben«, antwortete ihre Mutter. »Ich wollte genug Zeit haben, um mich um euch zu kümmern.«

Der Tisch schwieg für einen Moment, dann ergriff Laras Vater die Initiative. »Nun ja ... Vielen Dank, Lara, für die Einladung heute. Vielleicht stoßen wir einfach auf deinen neuen Vertrag an. Ich hab viel zu viel gearbeitet in meinem Leben. Ich freue mich für dich, dass du es anders machst.« Er hob sein Glas in die Höhe.

Laras Mutter stieß auch mit an, sagte dann aber noch: »Ich freue mich erst wieder für dich, wenn ihr Kinder habt.« Frederick neben ihr wurde ein Stückchen kleiner.

Lara hat mir die Szene erklärt. Ihre Mutter mache sich einfach Sorgen um sie. Das ist zwar völlig unbegründet: Lara hat einen gut bezahlten Job. Ihr Freund promoviert gerade. Er hat eine volle Stelle und verdient auch entsprechend. Aber ihre Mutter macht sich trotzdem Sorgen.

Auch hier ist es wieder der gleiche Grund, aus dem auch Mario damals nicht die Wohnung gekauft hat, obwohl alle Fakten dafür sprachen. Mit dreißig Jahren plötzlich auf 80 Prozent zu reduzieren ohne einen vernünftigen Grund (ein Kind wäre in den Augen von Laras Mutter ein vernünftiger Grund) bedeutet, den »normalen« Weg zu verlassen. Und genau das schürt Ängste bei den Menschen, die dich lieben, und weckt Unverständnis bei den meisten, mit denen du sonst zu tun hast.

Lara hat mir nachher noch erzählt, dass ihre Mutter mit 51 Jahren sogar ganz aufgehört hat zu arbeiten. Das war für sie anscheinend völlig in Ordnung. Dass aber ihre Tochter an einem Tag in der Woche lieber zum Yoga geht als zur Arbeit, konnte sie nicht verstehen.

Für dich, der du die 3-Tage-Woche anstrebst, bedeutet das im Umkehrschluss, dass du doppelt mutig sein musst. Zum einen musst du mutig genug sein, unkonventionelle Wege zu gehen, um dir die 3-Tage-Woche finanziell leisten zu können. Wenn du bis hierhin weitergelesen hast, bist du schon auf einem guten Weg. Zum anderen musst du dich irgendwann den Absprung trauen und tatsächlich auf eine 3-Tage-Woche reduzieren.

Wenn du diesen Weg gehst, wird das bei vielen erst einmal

auf Unverständnis stoßen. Je jünger du bist, desto größer wird dieses sein. Deine Eltern, dein Partner, Menschen, die nur das Beste für dich wollen, werden sich vielleicht sogar Sorgen um dich machen. Du darfst dich von dieser Angst aber nicht einschnüren lassen. Guck allein auf die Fakten. Wenn die stimmen, zieh es durch. Sobald du diese Schwelle erst einmal überwunden hast, merkst du, dass es so schwer doch eigentlich gar nicht war.

Tipp 19:

Geld verdienen mit Krediten

Selbst wenn du jetzt völlig überzeugt sein solltest, dass ein Investment in eine Immobilie das Beste ist, was du machen kannst, fehlt dir womöglich das nötige Eigenkapital, um loszulegen. Deine Eltern haben vielleicht das Geld. Doch selbst wenn sie es jetzt in eine Wohnung investieren wollten, ginge das seit dem 21. März 2016 nicht mehr so leicht. Seit diesem Tag verbietet die EU den Banken, Kredite zu vergeben, die nicht mehr über die zu erwartende Lebenszeit des Kreditnehmers zurückgezahlt werden können. Haben deine Eltern also ein gewisses Alter erreicht, ist es ihnen oft nicht mehr möglich, einen entsprechend lang laufenden Kredit aufzunehmen.[197]

Es gibt aber eine Lösung, die eurer Familie obendrein noch Geld einbringt. Da dir das Eigenkapital für die Immobilieninvestition fehlt, leihst du dir bei deinen Eltern das nötige Geld und – das ist wichtig – zahlst deinen Eltern darauf Zinsen (sagen wir 5 Prozent). Mit diesem geliehenen Eigenkapital kannst du jetzt zur Bank gehen und den nötigen Immobilienkredit beantragen. Da du jung genug bist und genug Eigenkapital mitbringst, wird dir dieser Kredit auch gewährt.

Der Clou ist jetzt, dass du die 5 Prozent Zinsen, die du deinen Eltern für das geliehene Geld zahlst, von der Steuer absetzen kannst, sobald du mit diesem Geld eine zu vermietende Immobilie finanzieren möchtest.[198] Leihst du dir also 50 000 Euro von deinen Eltern, musst du ihnen dafür jedes Jahr 5 % × 50 000 € = 2500 € an Zinsen zahlen. Bei einem Einkommenssteuersatz in Höhe von guten 44 Prozent[199] bekommst du davon circa 1100 Euro vom Finanzamt zurückerstattet.

Deine Eltern wiederum müssen ihrerseits die von dir erhaltenen Zinszahlungen mit guten 26 Prozent versteuern (Kapitalertragssteuer samt Solidaritätszuschlag).[200] Das heißt, sie zahlen nur ungefähr 26 % × 2500 € = 650 € an das Finanzamt. Wenn 650 Euro ihre einzigen Kapitaleinnahmen sind, zahlen sie gar nichts, denn der Sparerpauschbetrag für Alleinstehende liegt im Moment bei 801 Euro und für Verheiratete bei 1602 Euro jährlich.[201]

Unterm Strich bringt dieser Kniff deiner Familie also mindestens 1100 € − 650 € = 450 € jährlich ein und ermöglicht dir den Eintritt ins Immobiliengeschäft.

Tipp 20:

Das Immoscout-Rückgaberecht

Die Scout24 Aktiengesellschaft ist an der Börse aktuell über 3,5 Milliarden Euro wert.[202] Die Hauptaktionäre sind die Hellman & Friedman Limited Liability Company mit 27 Prozent, eine Private Equity Gesellschaft mit Firmensitz in San Francisco und die Deutsche Telekom mit 11 Prozent.[203]

Der Markt für digitale Immobilienanzeigen in Deutschland gleicht einem Oligopol. Es gibt drei große Player: Immonet, Immowelt und Immobilienscout 24 als Tochterunternehmen der Scout24 AG. Dabei ist Immobilienscout24 mit aktuell etwa 12 Millionen Besuchern pro Monat der eindeutige Marktführer.[204] Für den Erhalt dieses Status muss das Unternehmen gar nicht viel tun. Immobilienportale sind Marktplätze. Die Kunden gehen ganz von alleine zu dem Marktplatz, wo sie das größte Angebot vermuten. Verkäufer ihrerseits gehen dorthin, wo sie die meisten Kunden finden. Ist man also erst einmal der größte Marktplatz, bleibt man das auch und wird – ohne viel dazu zu tun – immer größer.

Immobilienscout24 nutzt seine Marktmacht entsprechend aus und dreht an der Preisschraube. Mietanzeigen kosten hier zwischen 60 Prozent und 80 Prozent mehr als bei den beiden schärfsten Konkurrenten. Es gibt aber einen Weg, das große Angebot von Immobilienscout24 zu nutzen, ohne dafür zu viel zahlen zu müssen.

Das Vorgehen ist wie folgt: Immobilienscout24 bietet drei unterschiedliche Preisvarianten an, mit Basis und Premium als günstigste und teuerste Option. Komfort ist der Mittelweg. Im Basistarif steht die Anzeige ganz unten in der Trefferliste. Außerdem sieht man die Fotos der Wohnung erst nach dem zweiten Klick. Die Premiumanzeige steht hingegen ganz oben in der Trefferliste, ist aber mit einem Preisaufschlag von über 60 Prozent gegenüber der Komfortvariante viel zu teuer, weshalb die meisten Kunden sich für die Komfortanzeige entscheiden.

In der Komfortvariante gibt es die Anzeigenlaufzeit von zwei Wochen für 99 Euro, einen ganzen Monat für 159 Euro und drei Monate für 299 Euro. Du solltest die teuerste Variante über drei Monate wählen! Deine Anzeige wird daraufhin geschaltet. Wenn in den Folgetagen genug Mietinteressenten auf deine Anzeige aufmerksam geworden sind, machst du per E-Mail von deinem gesetzlichen Widerrufsrecht Gebrauch.[205] Immobilienscout24 muss dir die 299 Euro dann erstatten und darf dir nur die paar Tage, die deine Anzeige im Netz stand, anteilig in Rechnung stellen. Nach Buchung hast du dafür 14 Tage Zeit. Wenn du also erst am vierzehnten Tag deine Buchung widerrufst, kostet dich die Anzeige 299 € × (2 Wochen/12 Wochen) = 49,83 € und damit sogar ungefähr 5 Euro weniger als bei Immonet oder Immowelt.

Tipp 21:

Die Immobilien-GmbH

Bisher haben wir über die Vorteile einer Immobilieninvestition gesprochen, ohne dabei die Steuer richtig zu berücksichtigen. Die Devise dabei war, dass eine lohnende Investition auch nach Steuern eine lohnende Investition bleibt. Steuern zahlt man schließlich nur, wenn man auch Gewinne macht. Trotzdem ist es natürlich gut, wenn man dabei noch zusätzlich Steuern sparen kann.

Wer versucht, Steuern zu sparen, sollte kein schlechtes Gewissen bekommen. Wir haben am Anfang dieses Buches schon erfahren, dass Apple auf seine Auslandsgewinne nur durchschnittlich 2,8 Prozent Steuern zahlt, indem es in Europa erwirtschaftete Gewinne in das Steuerparadies Irland verschiebt. Apple ist seinen Aktionären gegenüber verpflichtet, steuerliche Spielräume dort zu nutzen, wo diese sich dem Unternehmen bieten. Apple wendet dabei geltendes Recht an. Man kann sich natürlich darüber aufregen, oder aber man beginnt selbst, im Rahmen seiner Möglichkeiten geltendes Recht anzuwenden, um sich etwas Geld zu sparen. Für deinen Immobilienkauf musst du dafür kein Unternehmen in Irland gründen. Es reicht schon, wenn du dies in Deutschland tust.

Im Gegensatz zu Gewinnen aus Kapitalanlagen, die mit rund 26 Prozent[206] versteuert werden, schlägt bei Immobilien der persönliche Steuersatz zu Buche, also etwa 44 Prozent[207] bei Einkommen ab 53 666 Euro.

Steuermindernd wirkt sich aus, dass man den Wert der Immobilie über fünfzig Jahre abschreiben kann. Dadurch sind die ersten 1,7 Prozent[208] deiner Rendite schon einmal steuerfrei. Aber wie kann man die Steuerlast noch weiter reduzieren? Die Antwort liegt in der Gründung einer GmbH, die für dich die Immobilie kauft.

Eine gewöhnliche GmbH zahlt als Kapitalgesellschaft auf Gewinne grundsätzlich keine Einkommenssteuer. Stattdessen zahlt sie 15 Prozent Körperschaftssteuer und mindestens 7 Prozent Gewerbesteuer, abhängig vom Standort, und zuzüglich Solidaritätszuschlag. Da du aber keine gewöhnliche GmbH gründest, sondern eine GmbH, die ausschließlich Immobilien verwaltet, entfällt die Gewerbesteuer komplett.[209] Statt den 44 Prozent persönlicher Steuersatz zahlt die Immobilien GmbH nur 15 Prozent Körperschaftssteuer[210] auf die Mieteinnahmen.

Als Beispiel gehen wir von einer Netto-Mietrendite von 6 Prozent aus. Netto-Mietrendite heißt die Miete nach Abzug von Instandhaltungs- und Verwaltungskosten geteilt durch den Kaufpreis samt Kaufnebenkosten. Unabhängig davon, wie teuer die Immobilie ist, die du über einen Kredit finanzierst, kannst du bei einer Netto-Mietrendite von 6 Prozent durch die Gründung einer GmbH den Kredit bereits nach 15 Jahren vollständig aus den Mieteinnahmen zurückzahlen.[211] Ohne Gründung der GmbH würdest du dafür 20 Jahre brauchen.

Wenn du den Kredit trotzdem über zwanzig Jahre laufen lässt, kannst du dir zusätzlich rund 1 Prozent des Kaufpreises jedes Jahr netto auszahlen lassen und schaffst die Tilgung trotzdem. Kostet die Immobilie zum Beispiel 200 000 Euro, wären das 2000 Euro, die du dir zwanzig Jahre lang jedes Jahr auszahlen lassen kannst, und das nur, weil du eine GmbH gegründet hast. Deinen Verdienst für die 3-Tage-Woche kannst du dir auf diese Weise aufbessern.

Und wie gründet man eine GmbH? Dafür vereinbart man einfach einen Termin mit einem Notar. Ihm sagt man, dass man eine GmbH gründen möchte, dessen ausschließlicher Geschäftszweck »die Unterhaltung, die Verwaltung und die Veräußerung von Immobilien« ist. Außerdem braucht man noch einen Namen für das neue Unternehmen und muss bestimmen, wer Geschäftsführer sein soll (am besten du selbst als Eigentümer und Gründer). Um alles Weitere kümmert sich dann der Notar. Knappe 750 Euro werden für diesen Service fällig.[212] Mit den Unterlagen vom Notar kannst du anschließend das Geschäftskonto der GmbH eröffnen, auf welches das Stammkapital in Höhe von 25 000 Euro eingezahlt werden muss. Sobald der Eintrag ins Handelsregister vollzogen ist, kannst du Wohnungen über die GmbH finanzieren und erwerben.[213]

Und wie sieht es beim Verkauf einer Immobilie aus, die du über eine GmbH erworben hast? Kauft man eine Wohnung als Privatperson, ist es recht einfach. Wenn man sich mehr als zehn Jahre mit dem Verkauf Zeit lässt, muss man auf den möglichen Gewinn[214] keine Steuern zahlen. Verkauft man vor der Zehn-Jahres-Frist, wird Einkommenssteuer[215] fällig.

Für eine GmbH gilt diese Zehn-Jahres-Frist nicht. Löst man die GmbH auf, werden auf die Gewinne stets 15 Prozent Körperschaftssteuer und 25 Prozent Kapitalertragssteuer fällig.[216] Es gibt aber einen Trick, wie du die Gewinne doch noch steuerfrei für dich verwenden kannst. Ist die Immobilie nämlich sechs Jahre lang im Besitz der GmbH, kannst du den Gewinn aus dem Verkauf der Immobilie komplett steuerfrei reinvestieren.[217]

Du könntest dann zum Beispiel mit dem Gewinn ein Haus bauen und das Haus wieder vermieten (vielleicht ja auch zu sehr fairen Konditionen an deine Kinder). Oder du verschenkst das Haus komplett an deinen Nachwuchs (vgl. Tipp 4). Für die Reinvestition hast du sogar vier Jahre lang Bedenkzeit. Die Immobilie, in die du so investierst, darf nicht zur Eigennutzung verwendet werden. Wartest du im Falle einer Vermietung dann noch einmal zehn Jahre, kannst du das Haus komplett steuerfrei verkaufen.

Löst du die GmbH auf, wenn du älter bist als 55 Jahre, dann hast du sogar zusätzlich noch einen Steuerfreibetrag in Höhe von 45 000 Euro, der dir einmal im Leben für die Auflösung einer GmbH zusteht.[218]

Tipp 22:

Wer ist eigentlich der Vermieter?

Im Bürgerlichen Gesetzbuch wird das Verhältnis zwischen Mieter und Vermieter geklärt:

Der Vermieter wird durch einen Mietvertrag verpflichtet, dem Mieter den Gebrauch der Mietsache während der Mietzeit zu gewähren. Der Mieter ist dagegen verpflichtet, dem Vermieter den vereinbarten Mietzins zu zahlen.[219]

Was aber nicht im Gesetz geklärt wird, ist, wer überhaupt als Vermieter gilt. Eigentlich sollte man meinen, dass der Vermieter immer auch Eigentümer der vermieteten Wohnung sein muss. Dem ist aber nicht so. Das leuchtet sofort ein, wenn man an Untermietverträge denkt: Man mietet selbst eine Wohnung, ist einige Monate auf Reisen und vermietet in dieser Zeit die Wohnung weiter. In dem Fall muss man nicht Eigentümer sein, um die Wohnung zu vermieten.

Aber auch wenn man nicht einmal Mieter einer Wohnung ist, kann man zu ihrem Vermieter werden. Dazu schließt man mit dem Eigentümer der Wohnung einen sogenannten Leihvertrag ab. Leihverträge unterscheiden sich von Mietverträgen darin, dass man für die Leihe keine Miete verlangen darf. Sie ist also immer unentgeltlich.[220] Wenn der Eigentümer es in dem Leihvertrag erlaubt, dass die Wohnung weitervermietet werden darf, kann der Entleiher zum Vermieter werden, obwohl ihm die Wohnung gar nicht gehört.[221]

Nun stell dir vor, du bist Eigentümer einer Wohnung, die vermietet werden soll. Du suchst jemanden, der nur sehr wenig Steuern auf die Mieteinnahmen zahlen müsste. Deine Eltern sind mittlerweile in Rente. In Deutschland liegt die Durchschnittsrente eines Ehepaars bei 1800 Euro im Monat.[222] Wenn die Rente seit dem Jahr 2005 oder früher bezogen wurde, sind nur 50 Prozent davon steuerpflichtig. Mit jedem Folgejahr steigt der steuerpflichtige Anteil um zwei Prozentpunkte. Damit bleibt für den Durchschnittsrentner ein steuerpflichtiges Jahreseinkommen in Höhe von $50\% \times (12 \times 1800 €) = 10\,800 €$.

Von dieser Summe können noch der Werbungskosten-Pauschbetrag in Höhe von 102 Euro pro Person[223] und der Sonderausgaben-Pauschbetrag in Höhe von 36 Euro pro Person[224] abgezogen werden. Das durchschnittlich zu versteuernde Einkommen eines verheirateten Rentnerehepaars schrumpft damit weiter auf $10\,800 € - 2 \times 102 € - 2 \times 36 € = 10\,524 €$ jährlich. Steuern werden aber erst fällig, wenn die jährlichen steuerpflichtigen Einkünfte 17 640 Euro übersteigen.[225] Damit bleiben also $17\,640 € - 10\,524 € = 7116 €$, die durchschnittlich von einem Rentnerehepaar steuerfrei jedes Jahr dazuverdient werden können. Und für jeden darüber hinausgehenden Euro liegt der Steuersatz bei gerade einmal 14 Prozent und steigt dann mit der Steuerprogression.[226]

Damit hast du den perfekten Vermieter für deine Wohnung gefunden. Und das Geld bleibt in der Familie. Sobald deine Eltern weniger Einkommen haben als du, lohnt sich dieses Vorgehen.

Mit dem Leihvertrag, den du mit deinen Eltern abschließt, kannst du es dir leichtmachen. Es reicht nämlich völlig aus, wenn du den Leihvertrag nur mündlich vereinbarst. Mündlich geschlossene Verträge sind genauso rechtsverbindlich wie schriftlich fixierte Vereinbarungen. In unserem Alltag schließen wir ständig mündliche Verträge ab. Wenn du ins Taxi steigst und das Taxameter läuft, bist du rechtlich verpflichtet, den Taxifahrer bei Ankunft entsprechend zu bezahlen. Das Gleiche gilt, wenn du im Café einen Cappuccino bestellst. Du hast nichts unterschrieben und bist trotzdem einen rechtlich bindenden (mündlichen) Vertrag eingegangen. Vier Bedingungen müssen für einen mündlichen Vertrag erfüllt sein:

1. Zwei Vertragspartner müssen sich über Leistung und Gegenleistung einig sein.
2. Der Zeitpunkt der jeweiligen Leistungserbringung muss vereinbart werden.
3. Die Vertragspartner müssen geschäftsfähig sein.
4. Es darf sich weder um ein Bank- oder Versicherungsgeschäft noch um einen Grundstücks- oder Immobilienkauf, Erb- oder Ehevertrag handeln.

Ein Leihvertrag mit deinen Eltern erfüllt alle diese Punkte.

Die Leistung ist die kostenfreie Überlassung der Wohnung an deine Eltern. Ihr seid euch darüber einig, dass es dafür keine Gegenleistung gibt. Die Mieteinnahmen behalten deine Eltern. Damit du flexibel bleibst, schließt du den mündlichen Leihvertrag zunächst nur für ein Jahr ab. Es könnte ja sein, dass du in einem Jahr auf die Mieteinnahmen angewiesen bist, die vorerst deine Eltern bekommen.

Das Problem bei mündlichen Verträgen ist, dass man sich bei Streitigkeiten kaum auf sie beziehen kann. Dafür müsste es schon einen Zeugen geben. Wenn man diesen Problemen aus dem Weg gehen möchte, spricht auch nichts dagegen, den Leihvertrag mit den Eltern schriftlich festzuhalten. Der Aufwand ist gering.

Wenn deine Eltern noch nicht in Rente sind oder wesentlich mehr Rente bekommen als der Durchschnittsrentner in diesem Tipp, gäbe es noch eine weitere Personengruppe in deiner Familie, die in der Regel sehr wenig Steuern zahlt: deine Kinder. Eigentlich würden sie sich perfekt für einen Leihvertrag anbieten. Dem macht aber die geforderte Geschäftsfähigkeit von Vertragspartnern einen Strich durch die Rechnung. Volle Geschäftsfähigkeit beginnt erst mit der Volljährigkeit. Es gibt aber einen Weg, wie selbst Minderjährige zu Vermietern werden können.

Dafür musst du beim Notar dem minderjährigen Kind ein Nießbrauchrecht einräumen.[227] Bei einem Nießbrauch bleibst du Eigentümer der Wohnung, überträgst aber das Recht zur Nutzung auf das Kind.[228] Mietverträge müssen dann im Namen des Kindes geschlossen werden, und die

Miete wird steuerlich dem Kind zugerechnet.[229] Das Kind hat einen jährlichen Grundfreibetrag in Höhe von 8820 Euro, bevor auf die Miete Steuern gezahlt werden müssen.[230] Dabei kannst du das Nießbrauchrecht auch so einräumen, dass du es jederzeit widerrufen kannst.[231] So würdest du wieder selbst Vermieter deines Eigentums.

Tipp 23:

Verkaufe deine Wohnung an den Richtigen

In Deutschland steigen im Moment die Preise für Immobilien. Kaufst du heute in der richtigen Lage, ist deine Wohnung in 15 Jahren unter Umständen schon wesentlich mehr wert als heute. Vielleicht haben deine Eltern auch schon vor zwanzig Jahren eine Wohnung gekauft, die mittlerweile dir gehört und heute das Doppelte wert ist. Unabhängig vom heutigen Wert, kannst du jedes Jahr nur 2 Prozent[232] der damaligen Anschaffungskosten[233] abschreiben.

Es gibt aber einen Weg, der es dir ermöglicht, den aktuellen Marktwert doch noch abzuschreiben: Verkaufe die Wohnung einfach! Nicht an irgendwen. Du verkaufst sie an deine Angehörigen. Das kann dein Ehepartner sein, aber auch Kinder oder Enkelkinder. Wenn der Angehörige deiner Wahl wesentlich mehr für die Wohnung bezahlt, als sie dich oder deine Eltern einmal gekostet hat, kann er jedes Jahr eine viel höhere Summe abschreiben, als es dir möglich wäre. Das Geld bleibt in der Familie.

Jetzt vermutest du vielleicht, dass die Kaufnebenkosten (also Notarkosten, Maklergebühren, Gebühren des Grundbuchamtes, die Grundsteuer), die für den Kauf theoretisch anfallen, euren Vorteil der höheren jährlichen Abschreibung schnell wieder zunichtemachen. Aber: Erstens brauchst du gar keinen Makler (einen Käufer hast du ja bereits gefunden), und zweitens fällt, was viel wichtiger ist, keine Grunderwerbssteuer an, sobald man an den Ehepartner, an die Kinder oder Enkelkinder verkauft.[234] Damit bleiben nur die Notarkosten und die Gebühren des Grundbuchamtes, also Nebenkosten in Höhe von etwa 1,5 Prozent des Kaufpreises. Die höhere Abschreibung bringt das schnell wieder ein.

Achte darauf, dass mindestens zehn Jahre zwischen dem Kauf der Wohnung und dem Verkauf an deinen Angehörigen vergangen sind. Nur dann musst du auf den Gewinn, den du durch den höheren Verkaufspreis erzielst, keine Steuern zahlen.

Tipp 24:

Unlautere Immobilienmakler übertreten den Rand der Legalität

Wenn du im italienischen Restaurant beim Kellner eine Pasta bestellst, macht sich der Kellner auf den Weg in die Küche, gibt die Bestellung an den Koch weiter und kehrt nach einiger Zeit mit der bestellten Pasta an deinen Tisch zurück. Am Ende zahlst du die Rechnung. Niemand würde auf die Idee kommen, dass auch die Pasta die Rechnung bezahlen könnte.

Am deutschen Wohnungsmarkt war das bisher anders. Wenn du in Deutschland bei einem Immobilienmakler einen Mieter bestellst, macht sich der Makler auf den Weg ins Internet, gibt die Bestellung an ImmobilienScout24 weiter und kehrt nach einiger Zeit mit dem bestellten Mieter zu dir zurück. Nicht du musstest bisher die Maklerrechnung bezahlen, sondern der bestellte Mieter.

Seit dem 1. Juni 2015 ist das anders. Jetzt gilt das sogenannte Bestellerprinzip.[235] Der Vermieter muss die Maklercourtage bezahlen, wenn er einen Makler beauftragt, für ihn einen Mieter zu finden. Wie im Restaurant auch muss also der Besteller der Dienstleistung auch für diese zahlen.

Die Makler sehen dadurch ihre bisherige Geschäftsgrundlage gefährdet. Seit Einführung des Bestellerprinzips sind ihre Umsätze um 20 Prozent gesunken.[236] Vermieter sparen sich jetzt oft die Maklerkosten und inserieren ihre Wohnung einfach selbst. Einige Makler haben sich deshalb Tricks überlegt, wie sie doch noch die Mieter für ihre Dienstleistung zahlen lassen können. Als Mieter kann man sich aber dagegen schützen.

Hier die vier gängigsten Tricks:

1. In Städten, wo es schwierig geworden ist, eine günstige Wohnung oder überhaupt eine Wohnung zu finden, verlangen Makler von allen Mietinteressenten eine Gebühr für den Besichtigungstermin. Die Interessenten erhoffen sich, dass durch die Gebühr, die viele Mieter nicht zahlen wollen, der Bewerberkreis eingeschränkt wird und damit die Wahrscheinlichkeit steigt, dass sie den Zuschlag für die Wohnung bekommen. Der Makler verdient dadurch seine Courtage und kann so dem Vermieter seinen Service kostenfrei anbieten.[237]

2. Der Besichtigungstermin ist umsonst. Aber sobald man sich für die Wohnung entscheidet und den Mietvertrag unterzeichnen will, wird einem kurz vorher ein weiterer Vertrag zum Unterschreiben unter die Nase gehalten. In dem Vertrag steht, dass man den Makler mit der Wohnungssuche beauftragt hat. Damit wird man dann selbst zum Besteller und muss die Maklercourtage bezahlen.[238]

3. Der Vermieter zahlt die Maklercourtage, baut dann aber

eine günstige Küche in die Wohnung ein. Der Miet-
interessent soll bei Einzug die Küche übernehmen und
dafür eine horrende Abschlagszahlung an den Vermieter
leisten. Damit verdient sich der Vermieter die Maklercourtage dann zurück.[239]

4. Zeitgleich mit dem Mietvertrag soll der Mieter einen
»Servicevertrag« mit dem Makler abschließen. Der Ser-
vicevertrag verpflichtet den Mieter, eine einmalige oder
monatliche Gebühr zu zahlen. Der Service besteht dar-
in, dass man Gesellschaftsspiele, ein Bügeleisen oder
Ähnliches vom Makler ausleihen darf. Wenn man den
Servicevertrag nicht unterzeichnet, bekommt man die
Wohnung nicht.[240]

Viele der Tipps, die wir hier in diesem Buch teilen, mögen
sich am Rande der Legalität bewegen, überschreiten diese
Grenze aber nie. Diese vier Tricks der Makler sind hingegen alle illegal. Wenn du selbst also in die Situation kommen solltest, dass einer der obigen Punkte von dir gefordert
wird, dann solltest du dich am besten so verhalten:

Zahle ruhig die Besichtigungsgebühr. Unterschreibe die
Zusatzvereinbarungen. Bezahle den völlig überhöhten Preis
für die Küche. Leihe dir so viele Bügeleisen und Gesellschaftsspiele aus, wie du kannst. Du willst die Wohnung ja
schließlich haben. Drei Jahre lang kannst du ein sorgloses
Mietverhältnis führen. Irgendwann aber innerhalb der drei
Jahre nach Vertragsabschluss solltest du zur Polizei gehen
und Anzeige wegen Verstoßes gegen das Wohnungsvermitt-
lungsgesetz erstatten. Du gehst zudem zum Anwalt und

forderst die illegal erhobenen Gebühren und Abschlagszahlungen vom Makler oder Vermieter zurück. Dem Makler drohen dann zusätzlich bis zu 25 000 Euro Strafzahlungen[241].

Der Bundesverband für die Immobilienwirtschaft hatte übrigens noch versucht, das neue Gesetz zu stoppen. Am 7. November 2014 rief man zu einem Maklerstreik auf.[242] Die Makler stimmten dann allerdings gegen den Streik. Vermutlich war vielen von ihnen bewusst, dass die deutsche Wirtschaft aufgrund eines Maklerstreiks nicht unbedingt zusammenbricht.

Tipp 25:

Als Bausparer nie seinen alten Vertrag kündigen. Aber was ist noch zu beachten?

Mittlerweile wissen die meisten, dass man seinen alten Bausparvertrag nicht kündigen sollte. Speziell bei alten Verträgen sind die Zinsen einfach zu gut, um freiwillig darauf zu verzichten. Aber wie bekommst du es hin, dass du möglichst lange von diesen guten Zinsen profitierst? Du musst dafür sorgen, dass dir die Bausparkasse den Vertrag nicht kündigen kann!

Für eine Kündigung kann die Bausparkasse zwei Gründe haben, die es zu verhindern gilt. Erstens: Die Bausparsumme ist komplett angespart. Die Bausparsumme ist der Betrag, den du entweder vollständig ansparen oder den du dir schon früher durch eine Kombination aus Sparen und Kreditaufnahme auszahlen lassen kannst. Wenn die Bausparsumme komplett angespart ist, kannst du dir über den Bausparvertrag keinen Kredit mehr auszahlen lassen. Damit hat der Vertrag seinen eigentlichen Zweck verloren. Der Vertrag darf dann gekündigt werden.[243]

Zweitens: Dein Vertrag ist schon seit mehr als zehn

Jahren zuteilungsreif. Zuteilungsreife bedeutet, dass du alle Voraussetzungen erfüllst, dir die Bausparsumme als Kombination aus Sparen und Kreditaufnahme auszahlen zu lassen. Die Zuteilungsreife ist in jedem Vertrag etwas anders festgelegt. Typische Voraussetzungen sind zum Beispiel:

- seit dem Vertragsabschluss sind mindestens sieben Jahre vergangen,
- mindestens 40 Prozent der Bausparsumme wurden bereits gespart,
- eine bestimmte Bewertungszahl, abhängig vom gesparten Anteil und der Höhe der Bausparsumme, wurde erreicht.

Wenn alle diese Voraussetzungen erfüllt sind, teilt dir die Bausparkasse mit, dass dein Vertrag zuteilungsreif ist, du dir also deinen ersparten Anteil samt Kredit auszahlen lassen kannst. Bei gut verzinsten Altverträgen machst du von diesem Recht natürlich nicht Gebrauch.

Wenn du aber zehn Jahre lang keine Auszahlung verlangst, kann die Kasse deinen Vertrag kündigen. Und warum? Die Bausparkasse argumentiert so: Jeder Kreditnehmer in Deutschland habe nach zehn Jahren ein gesetzliches Sonderkündigungsrecht für seinen Kredit, auch wenn dieser länger als zehn Jahre laufe.[244] Die Bausparkassen sagen jetzt, dass sie sich das ersparte Geld vom Bausparer ja eigentlich nur liehen und ihm dafür Zinsen zahlen würden. Im Prinzip nehme die Bausparkasse also einen Kredit beim

Bausparer auf. Als Kreditnehmer hätten sie deshalb nach zehn Jahren ein Sonderkündigungsrecht.

Mit dieser Argumentation kündigen Bausparkassen seit 2014 im großen Stil gut verzinste Verträge. Seitdem haben ein paar Landgerichte den Bausparkassen recht gegeben. Andere urteilten dagegen.[245] Eine klare Entscheidung liegt erst seit Februar 2017 vor. Da entschied der Bundesgerichtshof und gab den Bausparkassen endgültig recht.[246]

Was bedeuten diese beiden Kündigungsgründe jetzt für dich? Wenn du einen alten Bausparvertrag hast, solltest du unbedingt vermeiden, die Bausparsumme komplett anzusparen. Die monatliche Einzahlung solltest du also auf null setzen lassen.

Da du auf die bereits angesparte Summe Zinsen bekommst, wirst du irgendwann trotzdem die Zuteilungsreife erreichen. Du hast dann noch einmal zehn Jahre Zeit, bis die Bausparkasse dir aller Voraussicht nach den Vertrag kündigen wird.

Was ist eigentlich mit Aktien?

Mein Aktienportfolio besteht aus einem einzigen Titel. Nach dem Gesichtspunkt der Risikostreuung ist das höchst unvernünftig. Stell dir einen Roulettetisch vor. Mit der Null hat der Tisch 37 Zahlen. Ein Aktienportfolio mit nur einem Titel ist so, als ob ich beim Roulette mein gesamtes für den Abend beiseitegelegtes Spielgeld auf eine einzige Zahl setze. Ich mag die Vier. Also alles auf die Vier. Die Chance, dass ich gewinne, ist 1 zu 37, liegt also bei 2,7 Prozent. Ziemlich unvernünftig von mir.

Ein diversifiziertes Portfolio besteht aus zahlreichen Aktien. Jedes Wirtschaftsmagazin empfiehlt dabei Indexfonds (im Englischen Exchange-traded funds oder kurz ETFs). Investmentgesellschaften bilden damit ganze Indizes ab. Wenn der DAX um 3 Prozent steigt, steigt auch der Indexfonds auf den DAX um 3 Prozent. Da der Fonds nach diesem einfachen Prinzip funktioniert, fallen auch nur sehr geringe Gebühren an. Kauft man sich bei einem Online-Broker, zum Beispiel der ING DiBa, einen entsprechenden ETF, kostet dies einen einmaligen Ausgabeaufschlag von 0,25 Prozent.[247] Die Gesamtkostenquote eines ETFs liegt bei 0,40 Prozent bis 0,60 Prozent jährlich.[248] Und es gibt sogar ETF-Sparpläne, bei denen überhaupt kein Ausgabeaufschlag fällig wird.[249]

Anders ist das bei aktiv gemanagten Fonds, wie zum Beispiel den Deka Investmentfonds der Sparkassen-Finanzgruppe. Neben den jährlichen Verwaltungsgebühren werden hier hohe Ausgabeaufschläge verlangt (5 Prozent einmaliger Ausgabeaufschlag und 1,75 Prozent jährliche Verwaltungsgebühr zum Beispiel für die Deka-BasisAnlage A100).[250] Die Sparkassen-Finanzgruppe muss schließlich die Gehälter ihrer Fondsmanager bezahlen.

ETFs sind vom Gesichtspunkt der Kosten sinnvoll. Aber auch ihre Diversifikation kann überzeugen. Wenn man sich einen Indexfonds auf den DAX kauft, kauft man sich implizit[251] Anteile an den dreißig größten deutschen Unternehmen, die kontinuierlich versuchen, Werte zu erhalten oder zu mehren. Eine noch bessere Streuung erhält man, wenn man nicht nur in Deutschland investiert, sondern gleich auf der ganzen Welt. Der MSCI All Country World Index bildet mit etwa 2470 Unternehmen aus 46 Ländern ungefähr 85 Prozent der weltweiten Marktkapitalisierung ab.[252] Auch für diesen Index gibt es ETFs, die man sich bei seinem Broker kaufen kann.[253]

Um im Bild des Roulettetisches zu bleiben, bedeutet Streuung, dass ich nicht nur auf die Vier setze, sondern auf zum Beispiel 19 weitere Zahlen. Die Wahrscheinlichkeit, dass ich gewinne, steigt dadurch auf 20 zu 37, liegt also bei 54 Prozent.

Die höhere Gewinnwahrscheinlichkeit hilft aber nur wenig. Das Problem beim Roulette ist, dass man langfristig stets verliert. Die Bank hat nämlich einen eingebauten Vorteil. Streust du deinen Einsatz so stark, dass du auf alle 37 Felder einen Jeton legst, liegt die Wahrscheinlichkeit, dass du auf die Ge-

winnzahl gesetzt hast, bei 100 Prozent. Als Gewinn bekommst du 36 Jetons zurück. Da du aber 37 Jetons gesetzt hast, verlierst du trotzdem einen Jeton. Dieser eingebaute Vorteil der Bank sorgt dafür, dass du – egal wie du setzt – auf Dauer immer dein Geld verlierst. Diversifikation hilft da nicht viel. Es zieht lediglich das Spiel in die Länge.

Beim DAX verhält es sich, zumindest historisch, anders. Je länger du in ihm investiert bist, desto höher ist die Wahrscheinlichkeit, dass du mit deinem Investment Gewinne erzielst. In den letzten zehn Jahren ist der DAX um 77 Prozent im Wert gestiegen. In den letzten zwanzig Jahren sogar um 178 Prozent.[254] Kursverluste solltest du demnach aussitzen und auf bessere Zeiten warten.

Trotzdem stellt sich die Frage, ob es auch am Aktienmarkt einen eingebauten Nachteil gibt, der dich eher verlieren lässt als andere, zum Beispiel größere Marktteilnehmer. Der Hauptnachteil für den Kleininvestor ist sicherlich der eingeschränkte Zugang zu Informationen und die fehlende Fähigkeit, diese Informationen auszuwerten.

Wenn ich mir einen Indexfonds auf den DAX kaufe, erwerbe ich indirekt[255] Aktien von sämtlichen Unternehmen, die im DAX vertreten sind. Die Linde AG mit Sitz in München ist so ein Unternehmen. Linde stellt Gase her. Mehr weiß ich nicht. Jetzt könnte ich mir viel Wissen anlesen: Welche Gase bringen den höchsten Profit? Wer sind die Konkurrenten? Wann laufen wichtige Patente aus? Welche Wachstumsfelder gibt es? Ich könnte Wochen damit verbringen, mich mit Linde zu beschäftigen. Und trotzdem würde mir nach all der Zeit nur ein Bruchteil von dem Wissen zur Verfügung stehen, das professionelle Anleger über Linde haben. Es gibt ganze Teams von Fondsmanagern, die sich den ganzen Arbeitstag lang damit beschäftigen, Unternehmen zu analysieren und auf Grundlage dieser Analysen Investitionsentscheidungen zu treffen.

Wenn ich jetzt aber trotzdem den Indexfonds kaufe, bedeutet dies, dass ich mein Geld in Unternehmen investiere, die ich überhaupt nicht verstehe. Ich hoffe einfach darauf, dass sich ein paar Unternehmen ganz gut entwickeln werden und damit die Verluste derer, bei denen es in Zukunft nicht so gut laufen wird, ausgleichen. In der Vergangenheit hat das unter dem Strich ja auch immer gut funktioniert.

Das hört sich für mich dann doch wieder ganz schön nach Roulette an. Starinvestor Warren Buffet hat dazu folgenden Satz gesagt: »Man sollte sein Geld nur in Dinge investieren, die man auch versteht.«[256]

Viele Deutsche haben diesen Satz für sich verinnerlicht. Nur beziehen sie ihn nicht auf Aktien. Über die Stiftung Warentest lesen sie sich umfangreiche Produktvergleiche durch. Sie wollen erfahren, welcher Fernseher wirklich das schärfste Bild hat, welcher elektrische Rasierer der beste ist, welche die weichste Matratze und so weiter. Erst dann geben sie ihr Geld aus. Der Aufwand der Entscheidungsfindung bei Amazon (wo der Durchschnittsdeutsche grundsätzlich zuerst die Bewertungen mit nur einem Stern durcharbeitet) steht in keinem Verhältnis zu dem Aufwand, den wir bereit sind zu betreiben, wenn es um Investments geht, die Auswirkungen auf die nächsten Jahrzehnte unseres Lebens haben. So bekommt man manchmal den Eindruck, dass mehr Zeit für die Auswahl des richti-

gen Parkettbodens aufgewendet wird als für die Überlegung, ob der Neubau in München wirklich eine so gute Idee ist.

Was ist also mit Aktien? Ich persönlich verstehe Aktien nicht. Weder weiß ich, womit manche Firmen ihr Geld verdienen, noch ob ihr Geschäftsmodell nachhaltig ist. Manchmal steigen Gewinne, Erwartungen werden übertroffen, und trotzdem fällt der Kurs. Aktienmärkte sind für geldpolitische Einflussnahme anfällig, und auf externe Schocks reagieren sie heftig. Ich verstehe nicht, wie eine Website wie Facebook mit 373 Milliarden Euro an der Börse mehr wert sein kann als Adidas, BASF, VW, BMW und Siemens zusammen.[257]

Über Indexfonds könnte ich mir jetzt ein breit gefächertes Portfolio von Unternehmen kaufen, die ich im Einzelnen dann zwar immer noch nicht verstehe, doch was mir insgesamt ein besseres Gefühl gibt, weil die langfristige Wertentwicklung von Aktienindizes in der Vergangenheit positiv war. Das mache ich aber nicht.

Ich investiere kaum Geld in Aktien. Von einer einzigen Firma habe ich Anteile gekauft. Ich verstehe die Produkte, die sie produziert. Ich kaufe sie selbst, bin begeistert von ihnen und weiß gleichzeitig, dass nur die allerwenigsten Konsumenten sich diese bisher gekauft haben. Diese Situation ist für mich so einzigartig, dass ich mein gesamtes »Spielgeld« in diese eine Aktie investiert habe, statt es mit der Gießkanne beliebig über Hunderte Unternehmen zu verteilen, von denen ich keine Ahnung habe. Die Firma heißt iRobot und produziert Staubsaugroboter. In gewissem Sinne ist dies eine Liebhaberei von mir und vermutlich keine so gute Strategie.

In einem Buch wie diesem, muss das Wort »Aktie« mindestens einmal vorkommen. Ich persönlich (und übrigens auch Dominik) glauben nicht an Aktien. Die richtige Immobilie bringt viel stabilere Renditen, kann mit weniger Risiko gehebelt werden, und das Wichtigste: Ich verstehe, wie eine Wohnung funktioniert.

Tipp 26:

An alle Schriftsteller in spe

Ein Leben als Künstler ist nicht leicht. Verlage bekommen jährlich Tausende unverlangt eingesandte Manuskripte, von denen es nur die allerwenigsten schaffen, zu einem Buch zu werden.[258] Und selbst wenn du einer der Glücklichen bist, die verlegt werden, verdienst du nicht besonders gut daran. Angenommen, du schreibst einen Roman, der für 10,00 Euro verkauft wird. Als Autor bleiben dir dann in der Regel 6 Prozent vom Nettoladenverkaufspreis, das heißt $6\% \times (10,00\ €/1,07) = 56$ Cent[259]. Du solltest das Buch besser alleine schreiben, damit du dir die Tantiemen nicht auch noch teilen musst. ☺

Wir gehen einmal davon aus, dass du es schaffst, 10 000 Bücher zu verkaufen. Für einen großen Verlag ist das ein übliches Verkaufsziel. Es gibt natürlich immer mal wieder Ausreißer nach oben. Hape Kerkelings *Ich bin dann mal weg* wurde über 5 Millionen Mal verkauft.[260] Diese Ausreißer finanzieren bei den Verlagen aber auch die vielen Bücher, die nur wenige Abnehmer finden. Wenn du 10 000 Exemplare schaffst, ist das sehr gut und bedeutet für dich $10\,000 \times 56$ Cent $= 5600\ €$ Tantiemen.[261]

Bei 5600 Euro kann man sich schon fragen, ob der Aufwand lohnt, vielleicht Jahre an einem Text zu arbeiten. Für Künstler steht eher die Kunst im Vordergrund, weniger der Verdienst. Einen Vorteil gibt es aber in Deutschland, aufgrund dessen es sich doch noch finanziell lohnen kann, an einem Buch zu arbeiten. Verdienst du nämlich etwas aus künstlerischer Tätigkeit, dann hast du Anspruch auf die Mitgliedschaft in der Künstlersozialkasse.[262]

Wenn du kein Künstler bist und heute entscheidest, nicht mehr zu arbeiten, sondern nur noch von deinen Mieteinnahmen und Kapitalerträgen zu leben, musst du auf deine Gesamteinnahmen weiterhin Krankenkassenbeiträge zahlen.[263] Weil du dann aber kein Arbeitnehmer mehr bist, fällt der Arbeitgeberanteil weg.

Bist du aber in der Künstlersozialkasse, musst du nur auf deine Einnahmen aus der künstlerischen Tätigkeit Sozialabgaben zahlen.[264] Mieteinnahmen und Kapitalerträge bleiben dabei völlig unberücksichtigt.[265] Außerdem übernimmt die Künstlersozialkasse den vollen Arbeitgeberanteil.[266] Mindestvoraussetzung ist, dass du spätestens ab dem vierten Jahr deiner Tätigkeit deinen voraussichtlichen jährlichen Verdienst aus deiner Kunst auf 3900 Euro schätzt.[267] Gibst du dein Einkommen genau mit diesen Betrag an, zahlst du monatlich nur noch 72,61 Euro für deine Kranken-, Pflege- und Rentenversicherung.[268]

Die Schätzung des voraussichtlichen Jahresarbeitseinkommens wird von der Künstlersozialkasse stichpunktartig überprüft. Hast du dich beim voraussichtlichen Einkommen verschätzt, kannst du der Kasse jederzeit ein geänder-

tes Arbeitseinkommen melden. Eine rückwirkende Bei-
tragserhöhung findet in diesem Fall nicht statt.[269]

Wer so geringe Rentenversicherungsbeiträge zahlt, braucht
im Alter erst gar nicht mit einer Rente zu rechnen. Deshalb
muss man sich in diesem Fall unbedingt privat um seine
Rentenvorsorge kümmern. Wer es allerdings schafft, seinen
Job komplett zu kündigen und nur noch von Mieteinnahmen, Kapitalerträgen und Buchantiemen zu leben, ist da ja
bereits auf einem guten Weg.

Tipp 27:

Warum sind Küchen eigentlich immer im Angebot?

Jeder kennt die Texte in den Broschüren: »Die Einbauküche Finca statt für 10 498 Euro zum Abholpreis für nur 3999 Euro.« »Als Jubiläumsversion 25 Prozent Rabatt auf fast alles plus Jahrhundertfinanzierung: sechs Jahre lang keine Zinsen und keine Anzahlung.«

Der Küchenmarkt gehört zu den intransparentesten Märkten, die uns im Alltag begegnen. Dabei wenden die Unternehmen ein Prinzip an, das nicht allein auf diesen Markt beschränkt ist. Im Gegenteil, immer mehr Branchen versuchen es für ihre Zwecke zu nutzen: das »Prinzip Chaos«.

Das Prinzip Chaos soll Unternehmen dabei helfen, ein Problem zu lösen. Unternehmen wollen ihre Produkte zu einem für sie möglichst vorteilhaften Preis verkaufen. Dabei sehen sie sich einer sehr inhomogenen Käufergruppe gegenüber. Zur Veranschaulichung blicken wir auf zwei sehr unterschiedliche Konsumenten: Anna ist Studentin und sehr preissensitiv. Solange ihre Mindestqualitätsansprüche erfüllt werden, bestimmt der Preis ihre Kaufentscheidung. Sie nutzt Vergleichsportale und hat kein

Problem damit, online einzukaufen. Mike ist Anfang vierzig, steht mitten im Beruf und verdient gutes Geld. Auch er nutzt Vergleichsportale. Warum sollte er mehr für ein Produkt zahlen als unbedingt nötig, auch wenn er es sich leisten könnte?

Unternehmen würden Mike ihr Produkt eigentlich gerne teurer verkaufen als Anna. Er hat das Geld und wäre sogar bereit, mehr zu zahlen, wenn es keine Vergleichsportale geben würde. Solange er aber weiß, dass Anna das gleiche Produkt für weniger Geld bekommt, möchte er auf keinen Fall mehr als sie bezahlen.

Wie kann ein Unternehmen also dafür sorgen, dass Mike für das Produkt tiefer in die Tasche greift als Anna? Mit dem Prinzip Chaos versuchen die Anbieter, die Vergleichbarkeit von Produkten aufzuheben. Bei Küchen hat man dieses Prinzip perfektioniert. Im Internet oder in Prospekten werden Lockangebote gemacht, wie zum Beispiel die Einbauküche Finca, die vor der Preissenkung angeblich mehr als das 2,5fache gekostet hat.

Im Möbelgeschäft erfolgt dann aber meist Ernüchterung: Will man nur einen Schrank etwas schmaler haben, weil die Küche sonst nicht in die Wohnung passt, gilt das Angebot nicht mehr. Stattdessen setzt man sich zu einem Berater an den Tisch. Mit den mitgebrachten Maßen wird nun die Küche geplant. Dabei werden Schränke im 3-D-Computerprogramm hin und her geschoben. Es wird zusammen überlegt, ob es nicht vielleicht doch der Kühlschrank mit Null-Grad-Fach, die Granit-Arbeitsplatte oder das Induktionskochfeld sein sollte. Alle Fragen nach dem Gesamtpreis werden mit komischen Begriffen wie »Blockrabatt« oder »Verrechnung durch das Programm« abgetan.

Am Ende dieses mehrere Stunden dauernden Küchenberatungsgesprächs stehen eine individuell geplante Küche und ein Preis, der weit über dem Angebot im Prospekt liegt. »Weil Sie es sind!« oder »es ausgerechnet heute und nur heute 10 Prozent auf alle frei geplanten Küchen gibt«, geht der Verkäufer noch ein bisschen runter. Wenn man dann nach einem weiteren Rabatt fragt, muss er dafür erst mit seinem »Chef« sprechen. Der Verkäufer kommt nach einer gefühlten halben Stunde wieder, und weil er einen »so sympathisch« findet, kann er noch ein bisschen am Preis drehen. Gefühlt ist es aber immer noch ganz schön teuer.

Als Kunde zahlt man dann aber oft doch, weil man zum einen eine gewisse Verpflichtung gegenüber dem Verkäufer empfindet – er hat einen ja auch schließlich drei Stunden lang gut beraten. Zum anderen bedeutet es einen unheimlichen Aufwand, den Preis einer individuell geplanten Küche in unterschiedlichen Möbelhäusern zu vergleichen. Ein Vergleich wäre ja eigentlich relativ einfach, wenn man den genauen Plan der Küche samt Schrank- und Geräteliste vom ersten Beratungsgespräch bekommen würde. Aber – der Verkäufer rückt die Liste nicht raus. Es bleibt einem also nichts anderes übrig, als die stundenlange Planungsprozedur inklusive des halbstündigen Gangs des Verkäufers zum Chef noch einmal in einem anderen Küchenstudio über sich ergehen zu lassen.

Mike hält das mehr als zweimal nicht aus, bis er völlig

entnervt, aber gleichzeitig auch ziemlich erleichtert, gerne einen zu hohen Preis für seine Küche bezahlt. Das Prinzip Chaos funktioniert hier wunderbar.

Aber nicht nur bei Küchen wird versucht, den Kunden den Vergleich von Preisen und Leistungen zu erschweren. Die wenigsten Leute wissen, dass der Mobilfunkdiscounter Congstar eine hundertprozentige Tochtergesellschaft des Premiumanbieters Deutsche Telekom ist.[270] Die Telekom versucht gezielt unterschiedliche Käufergruppen anzusprechen. Wegen ein bisschen Schnickschnack sollen die Premiumkunden deutlich mehr Geld für das im Wesentlichen gleiche Produkt zahlen. Congstar hingegen richtet sich in der gesamten Marketingstrategie eher an eine jüngere Zielgruppe. Für das Marketing werden Twitter, YouTube und Instagram genutzt. Mike soll nach Möglichkeit gar nicht wissen, dass Anna bei Congstar nur die Hälfte bezahlt, obwohl sie beide über das Netz der Deutschen Telekom telefonieren.

Bei Konzerten und zum Teil sogar in Hotels und Restaurants wird aus den gleichen Gründen immer öfter das *Pay-what-you-want*-Prinzip[271] angewendet. Mike und Anna dürfen also selbst bestimmen, wie viel sie bereit sind zu zahlen. Weil bei Mike das Geld ein bisschen lockerer sitzt und es in seiner Lebenssituation gesellschaftlich von ihm erwartet wird, wird Mike tendenziell freiwillig mehr zahlen als Anna. *Pay what you want* funktioniert im Restaurant deshalb so gut, weil der Kellner und oft auch andere Gäste die freiwillige Zahlung mitbekommen. Es geht dabei um ein von Menschen tief empfundenes Gerechtigkeitsgefühl. Einfach nichts zu zahlen, obwohl man es sich leisten könnte, würde als große Ungerechtigkeit empfunden. Aber wie hoch ist überhaupt ein gerechter Preis?

Viele Versicherungsunternehmen weigern sich mittlerweile, ihre Produkte bei Vergleichsportalen wie Check24 oder Verivox einzustellen.[272] Man versucht stattdessen, die Intransparenz möglichst noch zu erhöhen. Es werden viele Policen angeboten, die sich nur leicht voneinander unterscheiden, dann aber als Premiumprodukt verkauft werden. Über das sogenannte *White Labeling* verkaufen Unternehmen Produkte nicht über ihren eigenen starken Markennamen, sondern unter einem anderen eher unbekannten Label (man kennt dies von den ja!-Produkten bei Rewe), um sowohl markenaffine Kunden als auch Schnäppchenjäger, die nicht bereit sind, für den guten Markennamen einen Aufpreis zu zahlen, für sich zu gewinnen.

Das Prinzip Chaos, *Pay what you want, White Labeling* – wie kannst du dich angesichts all dieser Verkaufsstrategien großer Unternehmen davor schützen, überteuerte Preise zu zahlen? Obwohl es für nicht standardisierte Produkte kaum Vergleichsportale gibt, liefert auch hier das Internet die Lösung: Baue dir dein eigenes kleines Vergleichsportal.

Wir bleiben beim Beispiel der Küche: Deutschlands größter Küchenhersteller,[273] die Nobilia-Werke J. Stickling GmbH & Co. KG, produziert 2870 Küchen pro Tag.[274] Außerdem bietet Nobilia seinen Kunden einen Webplaner,[275] ähnlich wie er im Küchenstudio vom Verkäufer genutzt wird. Hier kann man seine Küche prima selbst planen. Am Ende der Planung erhält man eine schöne Liste mit allen Schränken, Regalen und so weiter.

Die passenden Küchengeräte sucht man sich über Testberichte/Preisvergleiche im Internet zusammen und notiert sich auch hier die günstigsten Preise samt zugehörigem Online-Shop. Dazu eignet sich die Webseite geizhals.de geradezu ideal. Hier gibt es nämlich einen guten Kriterienkatalog, um die Geräte herauszufiltern, die den eigenen Ansprüchen genügen, und dazu einen integrierten Preisvergleich mit Links auf Testberichte.

Nun weiß man genau, wie die eigene Küche aussehen soll und welche Geräte man verwenden will. Der Preisvergleich für das individuelle, nicht standardisierte Produkt Einbauküche kann starten: Über die Händlersuche von Nobilia kann man sich komfortabel die E-Mail-Adressen von sämtlichen Nobilia-Händlern im Umkreis anzeigen lassen.[276] Trage alle diese E-Mail-Adressen in die BCC-Zeile deines E-Mail-Programms ein.[277] In der E-Mail bittest du den Händler darum, dir ein Preisangebot für die Küche zu machen. Die Liste mit allen Einbauelementen und Elektrogeräten fügst du an.

Viele Händler werden gar nicht erst antworten, einige darauf verweisen, dass sie grundsätzlich keine Angebote per E-Mail verschicken (dürfen) und man bitte vorbeikommen solle. Aber einige Händler werden es sich nicht entgehen lassen, ohne viel Mühe eine Küche zu verkaufen. Der Händler spart sich auf diesem Weg ja auch das stundenlange

Beratungsgespräch mit dir. Am Ende erhältst du so ohne langwierige Besuche in mehreren Küchenstudios die Küche zu einem konkurrenzlos günstigen Preis.

Die Küchen sind natürlich nur ein Beispiel. Das gleiche Prinzip lässt sich auf alle anderen nicht standardisierten Produkte und Dienstleistungen anwenden. Versuche im Vorfeld eines Kaufs immer möglichst gut zu beschreiben, wie das für dich perfekte Produkt (z. B. Handwerkerleistungen, Handyvertrag) auszusehen hat. Und für diese von dir definierte Anforderung lässt du dir Angebote machen. Dabei ist es dann egal, ob es sich um einen großen Markennamen handelt oder um ein No-Name-Produkt, das eigentlich eine ganz andere Zielgruppe ansprechen möchte. So vermeidest du, dich nicht von den Verkaufsstrategien der großen Unternehmen in die Irre führen zu lassen.

Einfach so zu Hause bleiben?

Die Teamassistentin kam letztens auf mich zu. Es waren die ersten Tage im neuen Jahr, und viele Kollegen waren noch im Urlaub.

»Elias, ich hab hier eine Mail von der Personalabteilung erhalten, dass wir einen neuen Praktikanten bekommen. Die wollen jetzt wissen, wo er sitzen soll. Wir haben doch gar keinen Platz mehr. Die Arbeitsplätze sind alle belegt. Weißt du etwas darüber?«

»Ja, warte mal, da war was.« Ich musste nachdenken. »Ich glaube, Björn hat das organsiert. Der Student kommt aber erst im April, wenn ich das richtig im Kopf habe.«

»Ah, okay. Na dann«, sagte Melli. »Dann eilt das noch nicht. Da finden wir etwas.«

»Mit Sicherheit«, antwortete ich. »Ansonsten ist Björn nächste Woche wieder zurück. Dann kannst du auch noch mal mit ihm sprechen.«

»Sag mal, ist es bei dir im Moment auch so ruhig?«, fragte Melli und ergänzte dann: »Ich bin das überhaupt nicht gewohnt. In meinem alten Team gab es immer etwas zu tun. Jetzt bin ich schon froh, wenn so eine Mail von der Personalabteilung kommt.«

Ich war gerade dabei, eine Dienstreise nach Italien vorzubereiten. Ich sollte dort ein mögliches Investment prüfen und
konnte mich über zu wenig Arbeit nicht beklagen. »Das hat
bestimmt mit den Feiertagen zu tun«, sagte ich, »oder ist es
jetzt schon länger so?«

»Seit dem Wechsel merke ich es extrem«, antwortete Melli.
»Ich versuche mich schon, für Projekte in den Nachbarabtei-
lungen anzubieten. Aber ich will mich auch nicht zu sehr auf-
drängen. Nicht, dass die nachher alle genervt sind.«

»Puh, nicht so einfach«, antwortete ich. »Ich hatte das mal
in einem Praktikum. Da gab es überhaupt nichts zu tun. Ich
fand das schrecklich.«

»So schlimm ist es nicht. Ich bin das von der alten Abteilung
einfach nicht gewohnt. Letztens bin ich schon um vier Uhr
nach Hause gegangen. Ich dachte mir, bevor ich dumm herum-
sitze. Die Kollegen haben dann sofort gefragt: ›Warum gehst'n
du so früh?‹ Und sogar der Nachbar bei uns im Kiosk hat mich
darauf angesprochen.«

»Oje. Und, was hast du gesagt?«

»Na ja, ich habe gesagt, wie es ist. Dafür kann ich ja nichts.
Aber es ist ein komisches Gefühl, so früh zu Hause zu sein. So,
als ob man was Unrechtes tut. Und man hat gleichzeitig das
Gefühl, unnütz zu sein. Ich will ja eigentlich etwas leisten.
Aber wenn mir niemand eine vernünftige Aufgabe gibt ...«

»Ja, das glaube ich dir, ich kann das nachvollziehen«, sagte
ich und musste an das Buch denken, das ich gerade schrieb.
»Du, ich habe hier auf jeden Fall ein paar Sachen, die du mit
Sicherheit gut erledigen könntest. Das nächste Mal, wenn ich
was habe, sage ich dir Bescheid. Okay?«

»Klar. Jederzeit«, antwortete Melli. »Ach so, und viel Erfolg bei deiner Reise. Ich habe gesehen, du bist morgen in Italien.«

»Danke«, sagte ich etwas geistesabwesend. Ich musste immer noch über ihre Worte nachdenken.

Melanie fühlte sich schon schlecht, wenn sie mal um 16 Uhr nach Hause ging. Wie würde das sein, wenn sie eine 3-Tage-Woche hätte?

Wenn man sich im Leben Ziele setzt, ist man manchmal so darauf fixiert, diese zu erreichen, dass man darüber ganz vergisst, darüber nachzudenken, wie es sich wohl anfühlt, das Ziel zu erreichen. Man kennt das vielleicht, wenn man sich nach einem langen Urlaub sehnt, in dem man mal nicht verreist, sondern einfach zwei Wochen zu Hause bleibt. In der ersten Woche fühlt sich das gut an. Man atmet auf und tankt neue Energie. Am Anfang der zweiten Woche taucht dann vielleicht schon das erste Mal die Frage auf, was man eigentlich mit der vielen Zeit anfangen soll, die einem plötzlich zur Verfügung steht.

Bei dem Ziel, nur noch drei Tage die Woche arbeiten zu wollen, stellt sich die gleiche Frage. Wie fühlt es sich überhaupt an, an einem Montagmorgen im Bett liegen zu bleiben? Alle anderen um einen herum gehen zur Arbeit. Man selbst hat aber acht Stunden zur freien Verfügung, in denen man sonst im Büro sitzt.

Je länger man schon fünf Tage die Woche gearbeitet hat, desto komischer fühlt sich das an. Mein Vater hat mit 14 Jahren angefangen zu arbeiten. Als er nach 47 Jahren im Beruf nach einem Herzinfarkt in Frührente gehen musste, ist er erst *einmal in ein tiefes Loch gefallen. Zuvor hatte sich alles in seinem Leben um die Arbeit gedreht. Freundschaften hatte er nicht gepflegt. Er war auch in keinem Sportverein mehr. Der Sinn seines Lebens bestand für ihn darin, für seine Familie zu sorgen. Dafür hatte er hart gearbeitet, was ihn glücklich gemacht hatte. Als er dann unfreiwillig Rentner wurde, musste er zuerst wieder lernen, mit seiner freien Zeit umzugehen. Es hat ungefähr zwei Jahre gedauert, bis er mit einem Zelt auf dem Gepäckträger quer durch Deutschland geradelt ist – schließlich hat er doch wieder neue Leidenschaften für sich entdecken können.*

Wenn man die 3-Tage-Woche anstrebt, sollte man deshalb möglichst schon während der Vollzeittätigkeit versuchen, sich auf das Leben in Teilzeit vorzubereiten. Mein Bruder ist Grundschullehrer. Er ist es nicht gewohnt, bis 16 Uhr zu arbeiten. Ein schlechtes Gewissen wie die Assistentin bei mir im Büro würde er bestimmt nicht bekommen. Für ihn ist es normal, sich neben der Arbeit mit vielen anderen Dingen zu beschäftigen, so dass es ihm leichtfällt, seine freie Zeit sinnvoll zu verbringen.

Überlege dir für deine 3-Tage-Woche konkrete Projekte oder Aktivitäten, denen du dich in der Zeit, in der du sonst im Büro gesessen hättest, widmen möchtest. Das könnte die Planung einer großen Reise sein, die du schon lange vorhattest. Ein Ehrenamt, das du übernehmen willst. Ein sportliches Ziel, das du erreichen möchtest. Bei mir war es die Arbeit an diesem Buch, die es mir leichter gemacht hat, mich während meiner 3-Tage-Woche nicht nutzlos und ohne Aufgabe zu fühlen.

Je früher man die 3-Tage-Woche in seinem Leben umsetzt, desto leichter ist es, sich an ein Leben zu gewöhnen, in dem sich Arbeit und frei bestimmte Zeit die Waage halten. Und ich bin überzeugt, dass dies uns nicht nur jetzt, sondern auch in der Zeit nach dem Berufsleben nutzen wird.

Tipp 28:

Timing ist alles:
Die beste Wahl der Elternzeit

In Deutschland genießen Eltern einen umfangreichen arbeitsrechtlichen Schutz. Einer Mutter kann ab Beginn der Schwangerschaft bis vier Monate nach der Geburt nur unter sehr restriktiven Bedingungen gekündigt werden.[278] Diese Zeit verlängert sich sogar noch bis zum Ablauf der Elternzeit, wenn die Mutter diese in Anspruch nimmt.[279]

Bis zu drei Jahren unbezahlte Elternzeit stehen sowohl Vater als auch Mutter pro Kind zu. Zwei der drei Jahre kannst du auch zwischen dem dritten und achten Geburtstag deines Kindes nehmen. Eines von den drei Jahren kannst du nur vor dem dritten Geburtstag nehmen.[280] Die gesamte Elternzeit kannst du in drei beliebig lange Monatszeiträume aufteilen.[281]

Um Elternzeit zu beantragen, musst du spätestens sieben Wochen vor deren Beginn deinem Arbeitgeber schriftlich mitteilen, in welchen Zeiträumen du in den nächsten zwei Jahren zu Hause bleiben möchtest.[282] Willst du Elternzeit nach dem dritten Geburtstag deines Kindes beantragen, gilt eine Mitteilungsfrist von mindestens 13 Wochen.[283]

Und warum solltest du überhaupt Elternzeit nehmen? Elternzeit hat erst einmal nichts mit Elterngeld zu tun. Bei Elternzeit geht es nicht um eine finanzielle Kompensation. Sie hat andere Vorteile:

1. Ab dem Zeitpunkt, an dem die Elternzeit beantragt wurde, jedoch frühestens acht Wochen vor Beginn der Elternzeit (bzw. 14 Wochen bei Antrag für eine Elternzeit nach dem dritten Geburtstag deines Kindes), besteht ein Kündigungsverbot für den Arbeitgeber.[284]

2. In Unternehmen mit mehr als fünfzehn Beschäftigten hast du während der Elternzeit einen Anspruch auf Teilzeit.[285] Mehr als dreißig Stunden darfst du dann pro Woche aber nicht arbeiten. Eine Verringerung deiner Arbeitszeit darfst du insgesamt zweimal beantragen.[286]

3. Nach deiner Elternzeit muss dir der Arbeitgeber wieder deinen alten oder einen vergleichbaren Job anbieten.[287]

Im Jahr 2013 nahmen 92 Prozent der Elterngeld beziehenden Frauen zehn bis zwölf Monate lang Elternzeit. Bei den Männern nahmen 80 Prozent lediglich zwei Monate Elternzeit.[288] Diese Männer entschieden sich so, weil sich dadurch der Zeitraum, in dem man Elterngeld beziehen kann, von 12 auf 14 Monate erhöht.[289] Auf das Elterngeld gehen wir gleich noch ein. Aber was ist denn nun der richtige Zeitpunkt, um sich Elternzeit zu nehmen?

Da die Mütter in der Regel ein ganzes Jahr lang Elternzeit nehmen, schauen wir hier auf die Väter, die ja bisher meist nur zwei Monate nehmen. Elternzeit kann immer in ganzen Monaten, beginnend mit dem Geburtstag des Kindes, angetreten werden.[290] Wird das Kind zum Beispiel am 19. Oktober geboren, können die »Elternmonate« vom 19. Oktober bis zum 18. November, vom 19. November bis zum 18. Dezember, vom 19. Dezember bis zum 18. Januar und so weiter als Elternzeit genommen werden.

In einem solchen Elternmonat liegen immer entweder vier oder fünf Wochenenden. Um möglichst viel zusätzliche Zeit mit deinem Kind verbringen zu können, solltest du dich für solche Monate entscheiden, die nur vier Wochenenden haben. Außerdem sollten Monate mit 31 Tagen und ohne gesetzliche Feiertage Pluspunkte bei deiner Entscheidung bekommen. Für die Väter wären also im Prinzip erst mal Juli und August optimal: Der Juli und der August haben beide 31 Tage, es gibt keine Feiertage (außer in Bayern),[291] und das Wetter ist zu der Zeit auch meistens am besten.

Es gibt aber einen weiteren wichtigen Grund, warum man die Elternzeit noch geschickter wählen kann: Für jeden ganzen Kalendermonat, in dem du Elternzeit nimmst, wird dein jährlicher Urlaubsanspruch um 1/12 gekürzt.[292] Nimmst du also vom 19. Juli bis zum 18. September Elternzeit, bist du den ganzen August über in Elternzeit. Dein Urlaubsanspruch wird also um 1/12 gekürzt. Viel besser ist es also, deine Elternzeit in zwei getrennte Zeiträume zu splitten. Wenn du vom 19. Juli bis zum 18. August und vom 19. September bis zum 18. Oktober Elternzeit nimmst, wird dein Urlaubsanspruch nicht gekürzt, weil du ja nie einen ganzen Kalendermonat am Stück in Elternzeit bist. Das geht natürlich nur, wenn dein Kind nicht gerade am 1. eines Monats zur Welt gekommen ist.

Zusammengefasst gilt also:

- Vätermonate splitten,
- auf Anzahl der Wochenenden und Feiertage achten,
- in Monaten beginnen, die 31 Tage haben,
- darauf hoffen, dass ihr nicht am 1. eines Monats euer Kind bekommt. ☺

Jetzt schauen wir noch auf das Finanzielle: Sechs Wochen vor dem errechneten Geburtstermin[293] und acht Wochen[294] nach der Geburt sollen Mütter nicht arbeiten.[295] In dieser Zeit wird ihnen durch eine Kombination aus Mutterschutzgeld und Entgeltfortzahlung des Arbeitgebers ihr gewohntes Nettogehalt weiter überwiesen.[296]

Als zusätzliche finanzielle Komponente zahlt der Staat Elterngeld, sobald du in Elternzeit bist. Insgesamt werden zwölf Monate lang 65 bis 67 Prozent des letzten Nettogehalts[297] gezahlt (aber nicht weniger als 300 Euro und nicht mehr als 1800 Euro pro Monat). Nimmt auch der Vater mindestens zwei Monate Elternzeit, kommen noch einmal zwei Monate Elterngeld obendrauf.

Man kann auch entscheiden, sich jeden Monat nur die Hälfte des Elterngeldes auszahlen zu lassen. In diesem Fall verdoppelt sich dann die Bezugszeit auf bis zu 28 Monate.[298]

Wenn man nachweisen kann, dass beide Eltern während der Elternzeit für einen Zeitraum von mindestens vier Monaten gleichzeitig zwischen 25 und 30 Stunden pro Woche gearbeitet haben, gibt es weitere vier Monate geschenkt,[299] so dass man insgesamt auf 32 Monate Elterngeld kommen kann. Maximal können Eltern also Elterngeld in Höhe von $32 \times (1800 \;€/2) = 28\,800 \;€$ erhalten. Diese Zahlungen sind steuerfrei.[300]

Die Elternzeit ist damit durch das komfortable Elterngeld und den gesetzlichen Anspruch auf Teilzeit die perfekte Möglichkeit, die 3-Tage-Woche für ein paar Jahre zu testen. Reicht es dann finanziell noch nicht aus, um die Teilzeit fortzusetzen, oder hast du einfach Lust, wieder Vollzeit zu arbeiten, kannst du von deinem Rückkehrrecht auf eine Vollzeitstelle Gebrauch machen.

Die Schadenfreude der Deutschen

Als wir den ersten Auszug dieses Buches an Verlage schickten, waren das gerade einmal 18 Seiten mit insgesamt elf knapp formulierten Tipps. Es gab nicht einmal eine Einleitung. Entweder trafen die Tipps gerade einen Nerv, oder – was wahrscheinlicher ist – wir hatten schlichtweg großes Glück, dass sich ein Verlag fand, der an unserem Text interessiert waren. Einer dieser elf Tipps, der am Ende aber kein eigenständiger Tipp wurde, sondern es lediglich in diesen Einschub geschafft hat, war dieser:

Wohnst du noch oder lebst du schon?

Wenn man in jungen Jahren seine erste Wohnung einrichtet, steht man oft vor einem Problem. Einerseits möchte man sich tolle Möbel kaufen, andererseits fragt man sich, wie lange man die neuen Möbel wirklich nutzen kann. Zieht man irgendwann in eine größere Wohnung um oder mit dem Partner zusammen, muss man sich von einigen Möbeln wieder trennen. Der Wertverlust bei Möbeln ist enorm.

Bist du in einer ähnlichen Situation, lohnt sich ein Einkauf bei IKEA. Neben günstigen Preisen und Köttbullar bietet IKEA nämlich noch einen weiteren entscheidenden Vorteil: lebenslanges Umtauschrecht.[301] *Seit dem 25. August 2014 ist*

Deutschland nach Norwegen und Dänemark das dritte Land, in dem IKEA das neue Rückgaberecht eingeführt hat. Waren, die du ab diesem Tag bei IKEA oder im Onlineshop des Möbelherstellers gekauft hast, kannst du dein Leben lang gegen Vorlage des Kassenzettels umtauschen. Selbst Küchen (bis auf die zugeschnittene Arbeitsplatte) kannst du noch Jahre später zurückbringen.

Warum macht ein Unternehmen so etwas? IKEA spekuliert darauf, dass Kunden mehr einkaufen, wenn sie wissen, dass sie die Waren jederzeit wieder umtauschen können. Letztendlich wird dann aber zumeist doch nicht umgetauscht.

Du kannst dir bei IKEA deine Möbel also quasi kostenlos leihen. Wenn du sie nicht mehr brauchst oder sich dein Geschmack geändert hat, bring sie einfach zurück.

Das war der Tipp, den wir damals eingereicht haben. Im August 2016 kam dann aber die Nachricht, dass sich IKEA nach zwei Jahren Testphase wieder vom lebenslangen Umtauschrecht verabschiedet.[302] Für Einkäufe, die ab dem 1. September 2016 getätigt werden, gilt jetzt nur noch ein Jahr Umtauschrecht. Für Waren, die man zwischen dem 25. August 2014 und dem 1. September 2016 gekauft hat, gilt das lebenslange Umtauschrecht weiter. Damit war unser Tipp natürlich dahin.

Was an der ganzen Sache aber interessant ist, ist die Tatsache, dass uns damals plötzlich zahlreiche Leute direkt auf diesen Umstand hinwiesen. Unsere Verlegerin schrieb uns, dass IKEA das Umtauschrecht kippt. Unsere Agentin rief uns an. Freunde meldeten sich bei mir. Viele in unserem Umfeld, die – zumindest bis zur Lektüre unseres Auszugs – überhaupt nicht gewusst hatten, dass es ein lebenslanges Umtauschrecht bei IKEA gab, wussten plötzlich Bescheid, dass dieses Recht abgeschafft wurde.

Der Grund dafür ist einfach: Im August 2016 berichteten plötzlich sämtliche Medien darüber. Es gab einen großen Bild-Titel.[303] Im Radio besprach man es. Sogar das Fernsehen griff das Thema auf. Es schien ein immenses öffentliches Interesse daran zu bestehen, dass der mutige Versuch von IKEA, ein lebenslanges Umtauschrecht in Deutschland umzusetzen, gescheitert war. Das Interesse an der Einführung und der Existenz eines solchen Umtauschrechts war anscheinend wesentlich geringer gewesen. In unserem Freundeskreis wusste lediglich Dominik davon. Ich musste eine Weile über die Sache nachdenken, bis ich verstand.

Wir Deutschen mögen es, wenn anderen etwas misslingt. Wenn es sich bei den anderen auch noch um große ausländische Konzerne handelt, umso besser. Das deutsche Wort »Schadenfreude« wird sogar im Englischen verwendet.[304] Die Medien müssen gewusst haben, dass eine solche Story zieht, weshalb man plötzlich in allen Medien darüber erfahren hat.

Warum schreibe ich das jetzt alles? Schadenfreude ist ein Zeichen dafür, dass man anderen etwas missgönnt. Wenn du dich dafür entscheiden solltest, nur noch drei Tage die Woche zu arbeiten, kann es gut sein, dass es auch einige Arbeitskollegen geben wird, vielleicht sogar Freunde und Bekannte, die dir die 3-Tage-Woche nicht so richtig gönnen werden. Ich empfehle dir, dich schon jetzt darauf einzustellen.

Wenn du dich über deine Pläne freust und davon erzählen willst, kann es passieren, dass deine Gesprächspartner sich eher zurückziehen und vielleicht sogar anfangen, dir deine Pläne madig zu reden: »Ist das finanziell nicht viel zu riskant? Ist es dann nicht total langweilig, die ganze Zeit nur zu Hause rumzuhocken? Karriere wirst du damit sicherlich nicht mehr machen.«

Du solltest dich davon nicht verunsichern lassen. Deinen Plan für die 3-Tage-Woche setzt du erst dann um, wenn du finanziell alle Voraussetzungen dafür geschaffen hast. Du willst auch nicht einfach nur die ganze Zeit zu Hause herumsitzen. Du versuchst dir mit der 3-Tage-Woche ein weniger von deiner Arbeit bestimmtes Leben zu ermöglichen, das dir Zeit lässt, lange aufgeschobene Pläne endlich umzusetzen. Lass dir diesen Traum nicht ausreden. Glaube an ihn.

Tipp 29:

Buxtehude

Unter Buxtehude stellen wir uns einen entlegenen Ort mit nur wenigen Einwohnern vor, der irgendwo im Nichts liegt. Es überrascht dann, dass Buxtehude in Wirklichkeit mehr als 40 000 Einwohner hat und mitten in der Metropolregion Hamburg zu finden ist. Der Ausdruck »Buxtehude« für Niemandsland wurde in Süddeutschland geprägt. Von dort wurden Wehrpflichtige für ihren Grundwehrdienst in den hohen Norden nach Buxtehude geschickt, woraufhin manche sagten: »Ich muss nach Buxtehude, dahin, wo der Pfeffer wächst.«[305]

Buxtehude ist also wesentlich größer als allgemein angenommen. Es gibt aber eine Industrie in Deutschland, die Buxtehude immer noch so behandelt, als läge Buxtehude am Ende der bewohnten Welt: die Versicherungsindustrie.

Wenn du für dein Auto eine Kfz-Versicherung abschließt, zahlst du in Buxtehude im Schnitt 25 Prozent weniger als in München. Die Versicherungskonzerne nehmen dabei nicht etwa darauf Rücksicht, dass die Buxtehuder im Schnitt weniger verdienen als die Münchener. Der Grund liegt vielmehr in den Schadensstatistiken. In Großstädten

wie München mit viel Verkehr, unübersichtlichem Straßen-
verlauf und kleinen Parklücken ist es einfach viel wahrscheinlicher, einen Unfall zu verursachen, als im – bei all
seiner Größe – noch beschaulichen Buxtehude.

Wenn du also aus einem kleineren Ort kommst und für
die Arbeit oder für das Studium in die Großstadt ziehst,
sollte dein Auto möglichst noch auf deine Eltern angemel-
det bleiben. Du kannst dich ja als Zweitfahrer registrieren
lassen. Deine Eltern zahlen dann wesentlich weniger Beiträge, als wenn du der Versicherung mitteilen würdest, dass
dein Wohnsitz eine Großstadt ist.

Unabhängig von deinem Heimatort gibt es noch eine weitere Möglichkeit, die dir jährlich mehrere hundert Euro
Kfz-Versicherungsbeiträge einspart. Dafür brauchst du aber
einen extrem langen Atem. Der Tipp funktioniert nämlich
nur generationenübergreifend. Deine Eltern hätten den
Tipp für dich vorbereiten müssen. Weil sie das vermutlich
nicht getan haben, bleibt dir nur, es bei deinen Kindern
anders zu machen. Hier ist der Tipp:

Sobald du dein erstes Kind hast, kaufst du ihm zur
Geburt das billigste Leichtkraftrad (ein Motorrad zwischen
50 und 125 Kubikzentimetern Hubraum), das du am
Markt findest. Die einzige Voraussetzung ist, dass die Fahr-
zeugpapiere vorhanden sind. Zum Zeitpunkt der Recherche kostet das billigste Leichtkraftrad mit Papieren, das wir
auf mobile.de finden konnten, gerade einmal 250 Euro
(Erstzulassung 1996).

Für dieses Motorrad schließt du auf deinen Namen eine

Kfz-Haftpflichtversicherung ab. Bei der HUK kostet das zum Beispiel für das Modell Krad Honda ST 70 (DAX) derzeit 7,81 Euro pro Jahr. Dabei haben natürlich auch wieder dein Wohnsitz, dein Geburtsdatum und so weiter Einfluss auf den Preis. Ziel sollte es sein, möglichst wenig für die Versicherung zu zahlen. Bei einem Saisonkennzeichen zahlt man natürlich weniger für die Versicherung. Damit der Tipp bei der HUK funktioniert, ist es aber wichtig, dass die jährliche Saison für dich mindestens sechs Monate lang ist.

Das Motorrad, das du so versichert hast, stellst du irgendwo in eine Scheune. Du willst damit nämlich gar nicht fahren. In jedem Jahr, das so mit dem in der Scheune stehenden Motorrad verstreicht, erhöhen sich deine Schadenfreiheitsklassen (dies gilt bei der HUK und den meisten anderen Autoversicherern nur bei mindestens sechs Monate gültigen Saisonkennzeichen).[306] Dein Kind wird eingeschult: sechs Schadenfreiheitsklassen. Dein Kind kommt auf die weiterführende Schule: zehn Schadenfreiheitsklassen. Dein Kind ist gerade ziemlich schwierig: 15 Schadenfreiheitsklassen. Dein Kind wird volljährig: Dein Motorrad und du sind in der Schadenfreiheitsklasse 18.

Will dein Kind jetzt unbedingt ein Auto haben, wird das ein teurer Spaß: Bei der HUK kostet die Kfz-Haftpflicht- und Vollkaskoversicherung für einen Zweitwagen mit vorhandenem Vertrag für ein Erstfahrzeug (ist erfüllt, weil du dort ja dein Motorrad versichert hast) momentan jährlich etwa 1300 Euro. Das ist natürlich wieder abhängig von Wohnort, Alter, Fahrzeugtyp, Fahrleistung und so weiter.

Der Trick ist jetzt, die Schadenfreiheitsklassen, die du mit dem Motorrad angesammelt hast, auf den Zweitwagen zu übertragen. Für die Kfz-Haftpflichtversicherung ist das kein Problem. Die Versicherung des Motorrads war ja schließlich auch eine Haftpflichtversicherung. Aber das funktioniert sogar auch mit der Vollkaskoversicherung. Besteht nämlich eine Haftpflichtversicherung und wird erstmalig eine Vollkaskoversicherung abgeschlossen, wird die Schadenfreiheitsklasse der Haftpflichtversicherung komplett auf diese angerechnet.[307] Bei Schadenfreiheitsklasse 18 sinken die 1300 Euro jährlich dann auf gerade einmal 570 Euro, eine Ersparnis von 730 Euro im Jahr.

Damit wird das alte Motorrad doch noch ein richtig

gutes Geschenk, was dich gar nicht viel gekostet hat, denn Leichtkrafträder sind steuerfrei.[308] Damit hast du für die 730 Euro jährliche Einsparung nur 250 Euro Anschaffungskosten und 18 Jahre lang 7,81 Euro für die Kfz-Versicherung bezahlt: in der Summe also 250 € + 18 × 7,81 € = 390,58 € für 730 Euro jährliche Einsparung ab dem 18. Geburtstag deines Kindes.

Solange du in all den Jahren nicht mit dem Motorrad am Straßenverkehr teilnimmst, musst du auch nicht zur Hauptuntersuchung und kannst dir deshalb auch die TÜV-Gebühren sparen. Du musst nur darauf achten, dass dein Motorrad nicht aus dem öffentlichen Raum einsehbar ist, weil sonst Bußgelder drohen: Die zweijährige Hauptuntersuchung ist bei Fahrzeugen schließlich Pflicht, wenn man am Straßenverkehr teilnehmen möchte.[309] Die Beamten können ja nicht ahnen, dass dein Motorrad jahrelang unbewegt herumstehen soll.

Du kannst deine angesammelten Schadenfreiheitsklassen übrigens nicht direkt auf dein 18-jähriges Kind übertragen. Man kann immer nur maximal so viele Schadenfreiheitsklassen übertragen, wie viele Jahre der Empfänger schon einen Führerschein besitzt.[310] Einem 18-Jährigen, der mit 18 seinen Führerschein gemacht hat, können also null Schadenfreiheitsklassen übertragen werden. Stattdessen sollte man, wie beschrieben, einen Zweitwagen auf seinen eigenen Namen kaufen und die Schadenfreiheitsklassen auf diesen übertragen. Das 18-jährige Kind kann dann als Zweitfahrer eingetragen werden.

Zu Guttenbergs Erbe
kann jeder bekommen

Karl-Theodor Maria Nikolaus Johann Jacob Philipp Franz Joseph Sylvester Freiherr von und zu Guttenberg weiß um die Macht der Worte. So schrieb er einst in seinen Lebenslauf die Formulierungen »Freier Journalist bei der Tageszeitung Die Welt« und »berufliche Stationen in Frankfurt und New York«.[311] Worte können beeindrucken, ja einschüchtern und ein Bild malen, das viel größer aussieht als die Realität, die sich dahinter verbirgt. Bei zu Guttenberg verbarg sich hinter der freien journalistischen Tätigkeit ein Praktikum in der Redaktion, hinter den beruflichen Stationen in Frankfurt und New York ein weiteres Praktikum als Student.

Wie also kannst du Worte einsetzen, um zu beeindrucken und dir Vorteile zu verschaffen? Wer in Deutschland mit dem Wort »Doktor« vor seinem Nachnamen ins Berufsleben einsteigt, verdient im Schnitt 10 bis 20 Prozent mehr als andere Berufsanfänger.[312] Jetzt ist es aber so, dass man sich nicht einfach »Doktor« nennen darf, wenn man gar kein Doktor ist. Nach § 123a BGB ist dies strafbar.

Am 23. Februar 2011 erkannte die Rechts- und Wirtschaftswissenschaftliche Fakultät der Universität Bayreuth zu Gut-

tenberg den Doktorgrad ab.[313] *Er habe Plagiate über die gan-*
ze Arbeit verteilt eingebaut, die Originaltexte umformuliert,
den Satzbau umgestellt, Synonyme verwendet und Einzelhei-
ten ausgelassen. Was kann man tun, um sich all diese Mühen
zu ersparen, und trotzdem einen Titel tragen, der beeindruckt?

Am 14. August 1919 trat die Weimarer Reichsverfassung in
Kraft.[314] *Mit diesem Tag wurden die Standesvorrechte des*
Adels abgeschafft.[315] *Alle Bürger wurden vor dem Gesetz gleich.*
Bisherige Träger von Adelstiteln konnten diesen als Bestandteil
des Nachnamens aufnehmen. Dies hielt auch die Familie Gut-
tenberg so. Aus dem Nachnamen Guttenberg wurde der Nach-
name Freiherr von und zu Guttenberg. Karl-Theodor zu Gut-
tenberg ist also nicht Freiherr, er ist auch nicht adelig, er heißt
einfach nur so.

    Möchte man einen Adelstitel führen, ohne dass man ihn
vererbt bekommen hat, ist dies recht einfach: Man wird künst-
lerisch unter einem entsprechenden Namen tätig. So wie man
unter dem Künstlernamen »Atze Schröder« künstlerisch tätig
werden kann, kann man dies genauso unter dem Namen
»Otto Graf von Karlstein« tun. Kann man gegenüber dem
Einwohnermeldeamt belegen, dass künstlerische Erzeugnisse
wie Bilder, Musik oder Bücher unter diesem Künstlernamen
veröffentlicht wurden, darf man sich diesen Namen in den
Personalausweis eintragen lassen[316] *und sogar Rechtsgeschäfte*
unter dem Namen tätigen.[317] *Ohne Eintragung im Personal-*
ausweis stellt die falsche Namensnennung gegenüber Behörden
allerdings eine Ordnungswidrigkeit dar.[318]

    Das Auftreten in der Öffentlichkeit mit einem adeligen

Künstlernamen ist dabei genauso rechtmäßig wie mit jedem anderen Künstlernamen. Und es muss ja nicht immer nur ums Geld gehen. Ein bisschen Show darf auch sein. ☺

Uns persönlich gefallen Dominik Joel Baron Lang und Elias Sebastian Freiherr von Vorpahl besonders gut. Einen Doktortitel tragen wir beide leider nicht.

Tipp 30:
Das Baumarkt-Pingpong

Finanzielle Unabhängigkeit erreicht man nicht nur durch hoch verzinste Investments und Steueroptimierung. Ein zweiter Weg besteht aus schwäbischer Sparsamkeit. Der effektivste Weg zum Sparen ist, sich etwas gar nicht erst zu kaufen. Was ist aber, wenn man auf eine Sache auf gar keinen Fall verzichten kann? Wie wäre es zum Beispiel mit einem Weber Gasgrill Spirit E-310 Classic. Bei Amazon kostet der Grill zum Zeitpunkt der Recherche 799 Euro.

Jetzt kommen die Baumärkte ins Spiel. Hornbach bietet seinen Kunden 10 Prozent Rabatt auf Internetpreise inländischer Konkurrenz. Eine Google-Suche liefert den günstigsten Preis im Internet, der aktuell bei 559 Euro plus 29 Euro Versandkosten liegt. Die Versandkosten können wir uns sparen. Wir wollen ja im Baumarkt kaufen. Mit der 10-Prozent-Aktion (auch auf Internetpreise)[319] reduziert Hornbach den Preis auf 503 Euro.

Wir lassen uns von Hornbach ein Angebot erstellen. Mit diesem Angebot gehen wir jetzt zu Bauhaus. Bei Bauhaus kostet der Grill eigentlich 698 Euro. Bauhaus gibt aber 12 Prozent Rabatt auf den besten Preis von stationären Geschäften (also keine Internetpreise).[320] Da unser Hornbach-

Angebot ja von einem Ladengeschäft kommt, reduziert Bauhaus den Preis weiter auf 443 Euro.

Gegenüber Amazon sparen wir so 356 Euro. Dieses Geld können wir besser anlegen.

Andersherum funktioniert der Tipp übrigens nicht. Hornbach schließt in seinen Bedingungen zur Dauertief-preisgarantie die Preisgarantien von Wettbewerbern explizit aus. Eine solche Klausel gibt es bei Bauhaus bisher nicht.

»Ich liebe es, wenn ein Plan funktioniert!«: Ja, die Tipps reichen wirklich für eine 3-Tage-Woche

Wenn du einen einzigen der beschriebenen Tipps umsetzt und dieser dir mehr bringt als die 10 Euro, die dich das Buch gekostet hat, dann hat sich der Buchkauf ja schon gelohnt. Eigentlich soll aber ja sogar eine 3-Tage-Woche für dich dabei herausspringen. Wir stellen die Rechnung auf:

	Tipp	Einmalige Ersparnis	Jährliche Ersparnis
1	Warum du deinen ersten Job im September beginnen solltest	2168 €[321]	
2	Wie du dir ab jetzt 4 Prozent Verzinsung sicherst	369 €[322]	
3	Wo dein Lebensmittelpunkt wirklich liegt		6523 €[323]

4	Lass dich beschenken	Es wäre unfair, das mit einzurechnen, weil nicht jeder Eltern hat, die Eigentum zu verschenken haben.	
5	Lernen in der Schule lohnt sich nicht … von wegen!	5000 €[324]	
6	Warum sich der Jobeinstieg in großen Unternehmen lohnt[325]	Nicht jeder will in großen Unternehmen arbeiten.	
7	Cashback		600 €[326]
8	Investiere dein Geld mal in etwas anderes	Genossenschaftsanteile sind gut, Wohnungen im Ruhrgebiet sind besser.[327]	
9	Lass dir deine Versicherungsbeiträge vom Staat finanzieren		561 €[328]
10	Was ist dein ganz persönliches Risiko?		120 €[329]
11	Wie man an den eigenen Versicherungen verdient	2339 €[330]	129 €[331]
12	Ein Student am Rande der Legalität	19 848 €[332]	

13	Einmal PKV, immer PKV! Oder?	Die zukünftige Entwicklung von PKV und GKV ist zu ungewiss für diese Rechnung.	
14	Als Privatpatient ist man nicht familienversichert? – Irrtum!	Weil nicht jeder Kinder hat, nehmen wir das nicht mit auf.[333]	
15	Wie du trotz Krankenvorgeschichte an eine BU kommst		120 €[334]
16	Per Post auf Weltreise		100 €[335]
17	Eine Kreditkarte für jede Lebenslage		94 €[336]
18	Warum du Wohnungen im Ruhrgebiet kaufen solltest		4724 €[337]
19	Geld verdienen mit Krediten		450 €[338]
20	Das Immoscout-Rückgaberecht		49 €[339]
21	Die Immobilien-GmbH[340]		(3238 €[341])
22	Wer ist eigentlich der Vermieter?		4002 €[342]
23	Verkaufe deine Wohnung an den Richtigen[343]	(–3000 €[344])	(776 €[345])

24	Unlautere Immobilien-makler übertreten den Rand der Legalität	50 €[346]	
25	Als Bausparer nie seinen alten Vertrag kündigen.	Nicht jeder hat einen alten Bausparvertrag.	
26	An alle Schriftsteller in spe	Hier geht es erst mal nur um eine 3-Tage-Woche.[347]	
27	Warum sind Küchen eigentlich immer im Angebot?	3000 €[348]	
28	Timing ist alles: Die beste Wahl der Elternzeit	Mehr Urlaubstage bringen kein Geld.	
29	Buxtehude	–391 €[349]	730 €[350]
30	Das Baumarkt-Pingpong		356 €[351]
	Summe	**32 383 €**	**18 558 €**

Die jährlichen Einsparungen in Höhe von 18 558 Euro reichen aus, um allen Angestellten mit einem Jahresgehalt unterhalb von 90 000 Euro eine 3-Tage-Woche zu ermöglichen und die damit einhergehenden Gehaltseinbußen vollständig auszugleichen.[352] Und alle, die mehr verdienen als 90 000 Euro im Jahr, sollten sich jetzt besser nicht beschweren, dass unsere Tipps ihre Gehaltseinbußen nicht ganz ausgleichen.

Zugegeben, das ist ziemlich »kreativ« gerechnet (aber dafür sind wir Mathematiker geworden). Und es kommt wirklich weniger Arbeit und mehr Geld heraus. Mehr Geld wirst du wahrscheinlich auch brauchen, wenn du weniger arbeitest. Jetzt hast du nämlich die Zeit, dein hart verdientes Geld auch wirklich auszugeben.

Nachwort

Dieses Buch hat dir gezeigt, wie du mit jeder Menge Tipps und Tricks auf eine 3-Tage-Woche reduzierst und dabei die finanziellen Einbußen, die diese Entscheidung mit sich bringt, an anderer Stelle ersetzen kannst. Natürlich kommt nicht jeder Tipp für jeden infrage, und – zugegeben – einige erscheinen auch ein wenig kurios. Wir hoffen aber, dass ein paar Tipps dabei waren, die dir ein Aha-Erlebnis beschert haben – und dass wir dich – auch wenn du vielleicht nur eine Handvoll unserer Tipps tatsächlich anwenden wirst – zumindest gut unterhalten haben.

Die Entscheidung zu treffen, freiwillig weniger zu arbeiten, ist ein großer Schritt, den man sich gut überlegen sollte. Ich habe die 3-Tage-Woche bereits eine Zeitlang getestet. Die Grundlage für dieses Buch ist dabei entstanden. Die Arbeit im Unternehmen macht mir im Moment zwar Spaß, trotzdem halte ich an dem Ziel fest, nur noch 60 Prozent zu arbeiten, um in Zukunft wieder Romane schreiben zu können und womöglich die Idee umzusetzen, die ich damals im Schreibseminar hatte …

Ich stelle mir ein kleines Zimmer mit Seeblick vor. Dort würde ich schreiben. Alle zwei Wochen fahre ich zurück in die Großstadt zu meinem Angestelltenverhältnis, das mir ein finanziell gesichertes Leben ermöglicht. So stelle ich mir den perfekten Ausgleich zwischen Arbeit und frei bestimmter Zeit vor.

Ich bedanke mich – auch im Namen von Dominik – für das Interesse und die Zeit, die du diesem Buch gewidmet hast. Wenn dir das Lesen genauso viel Spaß gemacht hat wie uns das Schreiben, dann empfehle unser Buch gerne weiter, vielleicht ja sogar mit einer Rezension auf Amazon.

Besonders freuen würde es mich, wenn du auch ein bisschen neugierig auf meinen Debütroman geworden bist: *Der Wortschatz*. In ihm begegnest du einem Wort, das seinen Sinn verloren hat. Auf seiner fantastischen Reise durch die Welt der Sprache versucht es, ganz auf sich allein gestellt, diesen wiederzufinden. Ein Buch für Erwachsene als sie noch Kinder waren. Es erscheint im Januar 2018. Zusammen mit einer jungen Künstlerin habe ich in den letzten Monaten viel Mühe darauf verwendet, den Roman in neuem Glanz erstrahlen zu lassen.

Ansonsten versuchen Dominik und ich dich zu all unseren Ideen, neuen Tipps und Vorhaben auf dem Laufenden zu halten:

www.3-Tage-Woche.de
facebook.com/EliasVorpahl und
facebook.com/DominikLang3Tage

Nicht zuletzt gilt mein Dank Silvie Horch vom Ullstein Verlag, die das nötige Vertrauen in ein Buch setzte, in dem es eigentlich bloß um etwas ganz Schnödes ging: ums Geld.

Anmerkungen

1 Shinya Kajitani, Colin McKenzie, Kai Sakata: *Use It Too Much And Lose It? The Effect Of Working Hours On Cognitive Ability*, Melbourne Institute Working Paper 7/16 (2016), papers.ssrn.com/sol3/papers.cfm?abstract_id=2737742##

2 www.destatis.de/DE/ZahlenFakten/Indikatoren/QualitaetArbeit/Dimension4/4_2_BefristetBeschaeftigte.html, abgerufen am 03. 02. 2017

3 www.spiegel.de/karriere/befristete-jobs-kaum-festanstellungen-fuer-berufseinsteiger-a-920769.html, abgerufen am 03. 02. 2017

4 Die zugrunde liegenden Zinssätze entsprechen den Garantiezinsen deutscher Lebensversicherer für Neuverträge: de.statista.com/statistik/daten/studie/167936/umfrage/garantiezins-der-lebensversicherer-fuer-neuvertraege/, Garantiezins von 1997 und 2017, abgerufen am 26. 02. 2017.

5 Gemäß § 32a EStG für das Steuerjahr 2017

6 Vom Grenzsteuersatz zu unterscheiden ist der Durchschnittssteuersatz. Dieser beträgt bei einem Jahreseinkommen von 42 000 Euro 22,59 Prozent. Das heißt, es werden 9489 Euro Steuern fällig.

7 Wenn keine der in § 46 EStG genannten Gründe für eine verpflichtende Veranlagung zutrifft und wenn keine Aufforderung des Finanzamtes nach § 149 Abs. 1 S. 2 Abgabenordnung besteht.

8 Gemäß § 233a AO Abs. 1

9 Gemäß § 238 AO Abs. 1

10 Gemäß § 233a AO Abs. 2

11 Bei Abgabe der Steuererklärung am Ende des 48. Monats wird die Erstattung frühestens im 49. Monat ausgezahlt. Es ergeben sich für die Monate 15 bis 48 jeweils 0,5 Prozent Zinsen, also für 34 Monate in Summe 17 Prozent auf den Erstattungsbetrag. 17 Prozent für vier Jahre sind $41 + 17\% - 1 = 41,17 - 1 \approx 1,04 - 1 = 4\%$.

12 Gemäß § 22 Abs. 3 BMG ist die Hauptwohnung dort, wo der Schwerpunkt der Lebensbeziehungen liegt.

13 Ergeben sich aus § 9 Abs. 1 Satz 3 Nr. 5 EStG

14 Gemäß § 9 Abs. 1 Satz 3 Nr. 5 Satz 4 EStG dürfen die Aufwendungen für die Zweitwohnung (inkl. der Abschreibung für Einrichtungsgegenstände) 1000 Euro pro Monat nicht überschreiten.

15 Vgl. § 9 Abs. 1 Satz 3 Nr. 5 Satz 5 und 6 EstG.

16 Gemäß Urteil des FG Hamburg vom 17. 12. 2014 – Az. 2 K 113/14 sind (in Ballungsräumen) Fahrtzeiten von einer Stunde zumutbar.

17 § 9 Abs. 1 Satz 3 Nr. 5 Satz 4 EStG setzt eine zwingende Beteiligung an den Kosten voraus.

18 Gemäß »Anwendungsschreiben des Bundesfinanzministeriums zur Reform des steuerlichen Reisekostenrechts vom 30. 9. 2013«, Abs. 94

19 Gemäß Eurostat 2014: ec.europa.eu/eurostat/statistics-explai ned/index.php/File:Distribution_of_population_by_tenure_ status,_2014_(%25_of_population)_YB16-de.png, abgerufen am 26. 02. 2017

20 Wenn du Geschwister hast, dann sollte derjenige von euch die Schenkung bekommen, der das höchste zu versteuernde Einkommen vorzuweisen hat und dessen Zweitwohnsitz am weitesten vom Heimatort entfernt liegt.

21 Vgl. § 16 Abs. 1 Nr. 2 ErbStG

22 Vgl. § 14 ErbStG

23 Gemäß § 529 Abs. 1 BGB endet ein Rückforderungsanspruch nach zehn Jahren. Wenn Eltern nicht in der Lage sind, für den eigenen Unterhalt zu sorgen (z. B. hohe Pflegekosten), werden grundsätzlich die Kinder für diese Kosten herangezogen. Diese Unterhaltspflicht gegenüber den Eltern greift, wenn ein Kind mehr als 1800 Euro netto verdient. Bei verheirateten Paaren greift die Pflicht erst dann, wenn zusammen mehr als 3240 Euro verdient werden. Hat das Ehepaar Kinder, steigt diese Grenze noch weiter an.

24 Vgl. www.mdr.de/nachrichten/politik/regional/polizei-nach wuchs-100.html, abgerufen am 12. 03. 2017

25 www2.duesseldorf.de/fileadmin/Amt32/ordnungsamt/verkeh rueb/bbparken.pdf, abgerufen am 03. 02. 2017

26 www.zeit.de/wirtschaft/2016-06/beamtenpension-rentenre form-altersarmut-ruhestand, abgerufen am 03. 02. 2017

27 www.deutsche-rentenversicherung.de/Allgemein/de/Inhalt/ Allgemeines/FAQ/Rente/_%20rentenniveau/rentenniveau. html, abgerufen am 03. 02. 2017

28 Gemäß § 14 BeamtVG

29 Vgl. »Reform der Renten wegen verminderter Erwerbsfähig- keit«, Bundestagsdrucksache 12/4230

30 www.deutsche-rentenversicherung.de/Allgemein/de/Inhalt/6_ Wir_ueber_uns/03_fakten_und_zahlen/03_statistiken/02_ statistikpublikationen/13_indikatoren_zu_erwerbsminderu ngsrenten.pdf?__blob=publicationFile&v=16, abgerufen am 03. 02. 2017

31 www.zeit.de/wirtschaft/unternehmen/2015-09/iphone-apple- steuern-europa, abgerufen 03. 02. 2017

32 www.uni-duesseldorf.de/home/fileadmin/redaktion/Oeffent- liche_Medien/ZUV/Dezernat_1/Studiensekretariat/Down load-Ergebnisse-ONC/ONC-Auswahlgrenzen-2016.pdf, ab- gerufen am 03. 02. 2017

33 www.uni-marburg.de/fb09/studium/studiengaenge/ba-spruk/

studienverlauf/bewerbung/auswahlgrenze, abgerufen am 03. 02. 2017

34 Einige Hochschulen setzen für den Studienplatztausch voraus, dass beide Tauschpartner an den neuen Hochschulen ihr Studium tatsächlich aufnehmen und auch fortsetzen. In so einem Fall müsstest du das zulassungsfreie Wunschfach an der Uni studieren wollen, die dein Tauschpartner verlassen möchte.

35 www.bundesfinanzministerium.de/Content/DE/Standard artikel/Themen/Steuern/2016-12-16-steueraenderungen-2017.html#doc107604bodyText1, abgerufen am 03. 02. 2017

36 www.stepstone.de/Karriere-Bewerbungstipps/loader.cfm? csModule=security/getfile&pageid=34305, abgerufen am 09. 05. 2017

37 www.stepstone.de/gehaltsreport/pdf/StepStone_Gehaltsrepo rt_2016.pdf, abgerufen am 09. 05. 2017

38 www.payback.net/de/ueber-payback/daten-fakten/, abgerufen am 03. 02. 2017.

39 Da es auch für gängige Läden wie REWE und dm-drogeriemarkt Gutscheine gibt, haben die Gutscheine auch tatsächlich den Nutzwert ihres Nennwertes. Wären nur Läden dabei, deren Produkte man höchst selten kauft, wäre der Nutzwert geringer als der Nennwert.

40 Vgl. www.payback.de/online-shopping.

41 Vgl. www.shoop.de/cashback/conrad_elektronik/, abgerufen am 03. 02. 2017, Cashback-Raten können sich schnell ändern.

42 Vgl. www.payback.de/shop/conrad, abgerufen am 03. 02. 2017.

43 Vgl. www.shoop.de/cashback/zalando/, abgerufen am 03. 02. 2017. Cashback-Raten können sich schnell ändern.

44 Vgl. www.payback.de/shop/zalando, abgerufen am 03. 02. 2017.

45 Vgl. www.shoop.de/, abgerufen am 03. 02. 2017.

46 Vgl. www.payback.de/online-shopping, abgerufen am 03. 02. 2017.

47 Vgl. hilfe.shoop.de/auszahlung-als-spende-fuer-ein-hilfspro jekt/, abgerufen am 05. 03. 2017.

48 Vgl. hilfe.shoop.de/cashback-spenden-und-spendenquittung-erhalten/, abgerufen am 05. 03. 2017.

49 Vgl. www.spiegel.de/wirtschaft/unternehmen/amazon-steigt-ins-spenden-business-ein-a-1120772.html, abgerufen am 05. 03. 2017.

50 Vgl. org.amazon.de/, abgerufen am 05. 03. 2017.

51 Vgl. www.dhl.de/de/privatkunden/pakete-empfangen/pakete-zuhause-empfangen/wunschtag.html, abgerufen am 03. 02. 2017.

52 Vgl. www.dhl.de/de/privatkunden/pakete-empfangen/pakete-zuhause-empfangen/wunschort.html, abgerufen am 03. 02. 2017.

53 de.wikipedia.org/wiki/Wohnungsbaugenossenschaft, abgeru-fen am 29. 05. 2017

54 Wiesbadener Stadtanalyse. Wiesbaden im Städtevergleich. Bruttowertschöpfung und Bruttoinlandsprodukt 1992–2008, S. 13 (Memento vom 25. Oktober 2012 im Internet Archive)

55 www.wiesbaden.de/wirtschaft/standortportrait/index.php, abgerufen am 31. 05. 2017

56 www.wohnungsboerse.net/mietspiegel-Wiesbaden/3622, ab-gerufen am 31. 05. 2017

57 Gemäß Gemeinnützige Bau- und Siedlungsgenossenschaft Wiesbaden 1950 eG, Geschäftsbericht 2016, S. 35

58 geno50.de/geschichte.htm, abgerufen am 31. 05. 2017

59 geno50.de/mitglieder.htm, abgerufen am 31. 05. 2017

60 Gemäß Gemeinnützige Bau- und Siedlungsgenossenschaft Wiesbaden 1950 eG, Geschäftsbericht 2016, S. 24. Hierbei handelt es sich um eine Dividende, die aus dem Gewinn der Genossenschaft an die Anteilseigner ausgeschüttet wird. Über die Höhe der Dividende entscheidet jährlich die Vertreterver-sammlung neu. Es handelt sich hier also nicht um Zinsen. Im

Gegensatz zu Dividenden sind Zinsen ein über einen bestimmten Zeitraum fest vereinbartes Entgelt, das für die Bereitstellung zum Beispiel eines Sparguthabens regelmäßig fällig wird.

61 Gemäß Gemeinnützige Bau- und Siedlungsgenossenschaft Wiesbaden 1950 eG, Geschäftsbericht 2016, S. 10

62 Ebd., S. 18

63 www.wohnungsboerse.net/immobilienpreise-Luebeck/8180, abgerufen am 29. 05. 2017

64 Vgl. »Gesetz zur Neuregelung des Rechts der Rentenversicherung der Angestellten«, Bundesgesetzblatt, 23. Februar 1957.

65 Vgl. www.allianz.com/de/presse/news/studien/news_2014-04-01.html/und en.wikipedia.org/wiki/New_Zealand_Super annuation_Fund, abgerufen am 26. 02. 2017.

66 Vgl. www.deutsche-rentenversicherung.de/Allgemein/de/Inhalt/5_Services/01_kontakt_und_beratung/02_beratung/07_lexikon/G/generationenvertrag.html?cms_submit=Los&cms_resultsPerPage=5&cms_templateQueryString=generation envertrag, abgerufen am 04. 02. 2017.

67 www.demografie-portal.de/SharedDocs/Informieren/DE/ZahlenFakten/Renteneintrittsalter_Lebenserwartung.html, abgerufen am 04. 02. 2017.

68 www.demografie-portal.de/SharedDocs/Informieren/DE/ZahlenFakten/Renteneintrittsalter_Lebenserwartung.html, abgerufen am 04. 02. 2017.

69 www.flegel-g.de/beitragssatz.html, abgerufen am 06. 03. 2017

70 www.deutsche-rentenversicherung.de/Allgemein/de/Navigation/6_Wir_ueber_uns/02_Fakten_und_Zahlen/01_werte_der_rentenversicherung/werte_der_rv_node.html, abgerufen am 04. 02. 2017

71 www.bundesregierung.de/Content/DE/Artikel/2016/11/2016-11-30-rentenversicherungsbericht.html, abgerufen am 04. 02. 2017

72 *Frankfurter Allgemeine Woche* 41/2016 und www.demografie-portal.de/SharedDocs/Informieren/DE/ZahlenFakten/Beitragszahler_Altersrentner.html, abgerufen am 04. 02. 2017

73 www.demografie-portal.de/SharedDocs/Informieren/DE/ZahlenFakten/Zusammengefasste_Geburtenziffer.html, abgerufen am 04. 02. 2017

74 www.deutsche-rentenversicherung.de/Allgemein/de/Inhalt/0_Home/meldungen/2016_03_21_faq_rentenanpassung_2016.html, abgerufen am 04. 02. 2017

75 www.deutsche-rentenversicherung.de/Allgemein/de/Inhalt/0_Home/meldungen/2016_03_21_faq_rentenanpassung_2016.html, abgerufen am 04. 02. 2017

76 Vgl. »Gesetz zur Sicherung der nachhaltigen Finanzierungsgrundlagen der gesetzlichen Rentenversicherung«, veröffentlicht im Bundesgesetzblatt am 21. Juli 2004.

77 Vgl. § 68 a SGB VI.

78 www.demografie-portal.de/SharedDocs/Informieren/DE/ZahlenFakten/Wahlbeteiligung_Alter.html, abgerufen am 04. 02. 2017

79 Vgl. § 154 Abs. 3 SGB VI.

80 Vgl. § 235 Abs. 2 Satz 1 SGB VI.

81 Wert für 2017: www.bundesregierung.de/Content/DE/Artikel/2016/10/2016-10-12-bemessungsgrenzen-sozialversicherung.html, abgerufen am 04. 02. 2017

82 Versicherungsfrei in der gesetzlichen Krankenversicherung ist, wer die Voraussetzungen gemäß § 6 SGB V erfüllt.

83 Gemäß § 10 Abs. 1 Nr. 3 Satz 4 EStG sind Beiträge für künftige Jahre im Zahlungsjahr steuerlich abziehbar, soweit sie das 2,5fache der für das Zahlungsjahr gezahlten Beiträge nicht übersteigen.

84 Gemäß der Verordnung über maßgebende Rechengrößen der Sozialversicherung für 2017 vom 12. Oktober 2016 beträgt die Beitragsbemessungsgrenze in der gesetzlichen Kranken-

versicherung im Jahr 2017 52 200 Euro. Der allgemeine Beitragssatz gemäß § 241 SGB V liegt bei 14,6 Prozent und der durchschnittliche Zusatzbeitrag 2016 bei 1,1 Prozent. (www.bundesregierung.de/Content/DE/Meldungen/2016/10/2016-10-27-gesetzliche-krankenversicherung.html, abgerufen am 04. 02. 2017.) Damit ergibt sich ein monatlicher Höchstbeitrag von: $(14,6\% + 1,1\%) \times 52\,200/12 \approx 683\,€$

85 Gemäß § 55 SGB XI beträgt der Beitragssatz in der gesetzlichen Pflegeversicherung 2,35 Prozent zzgl. eines Zuschlages von 0,25 Prozent für Kinderlose, die älter als 23 sind.

86 Vgl. § 10 Abs. 4 EstG.

87 Berechnung gemäß nettolohn.de

88 Bei der Barmenia ist das zum Beispiel so.

89 Berechnet mit www.biallo.de/vergleiche/vorsorge-risiko/berufsunfaehigkeit/nc/.

90 Vgl. www.testsieger-berichte.de/2015/10/02/abschlusskosten-und-gebuehren-beim-versicherungsabschluss-was-ist-ueblich/, abgerufen am 26. 02. 2017. 537 Euro für 1000 Euro monatliche Leistung, wobei im Beispiel eine Leistung in Höhe von 2000 Euro angenommen wurde.

91 Vgl. www.google.de/url?sa=t&rct=j&q=&esrc=s&source=web&cd=2&ved=0ahUKEwiiv97_5brSAhULiCwKHUTmCRYQFghTMAE&url=http%3A%2F%2Fwww.foraim-foxxcon.de%2Fapp%2Fdownload%2F5801390676%2FProvisionen%2BBBU-Versicherung.pdf&usg=AFQjCNHo8sjWrYo76aNQnkjUPIpaU7SLSw&cad=rja, abgerufen am 05. 03. 2017.

92 Vgl. www.handelsblatt.com/finanzen/vorsorge/versicherung/vertreter-provisionen-private-krankenversicherungen-gedeckelt/6883428-3.html und moneymeets.com.

93 Gemäß § 1 VersSoVergV; für Kranken- und Lebensversicherungen erst seit 1934, vgl. de.wikipedia.org/wiki/Provisionsabgabeverbot.

94 Vgl. BaFin, »Rundschreiben 10/2014 (VA), Zusammenarbeit

mit Versicherungsvermittlern, Risikomanagement im Vertrieb«, Abschnitt B.V »Regelungen für die Zusammenarbeit mit Tippgebern«, 23. Dezember 2014.

95 Vgl. www.comverso-versicherungen-online.de/Tippgeber/ tippgeber-provision-versicherung.php, abgerufen am 17. 05. 2016.

96 Gemäß § 22 Abs. 3 EStG sind bis zu 256 Euro pro Jahr »Tippgeberprovision« sogar steuerfrei.

97 Vgl. LG Köln, 14. 10. 2015 – 84 O 65/15.

98 § 48 b Versicherungsaufsichtsgesetz (»Sondervergütungs- und Provisionsabgabeverbot«)

99 Vgl. www.uni-muenster.de/studium/kosten/semesterbeitrag. shtml, abgerufen am 17. 05. 2016.

100 www.debeka.de/service/bedingungen/Krankenversicherung/Tarifbedingungen/Nicht-Beihilfeberechtigte__Arbeitnehmer__Selbstst__ndige_/Haupttarife/CKV22.pdf, abgerufen am 17. 05. 2016

101 www.hallesche.de/private-krankenversicherung/studenten. htm, abgerufen am 17. 05. 2016

102 www.alte-oldenburger.de/web/export/sites/aob/_resources/ download_galerien/downloads_pdf/bedingungen/Besondere_Bedingungen_Ausbildung.pdf, abgerufen am 17. 05. 2016

103 Vergleichsrechner auf dewion.de, ausgewertet am 15. 10. 2016

104 www.barmenia.de/media/dokumente/tarifbedingungen_bk/ K4607.pdf, abgerufen am 17. 05. 2016

105 maklerservice.barmenia24.de/de/online_tools/krankenversicherung_1/beitragsrechner_kv/krankenversicherung.xhtml, abgerufen am 17. 05. 2016

106 Gemäß der Verordnung über maßgebende Rechengrößen der Sozialversicherung für 2017 vom 28. November 2016 beträgt die Beitragsbemessungsgrenze in der gesetzlichen Krankenversicherung im Jahr 2017 52 200 Euro. Der allgemeine Beitragssatz gemäß § 241 SGB V liegt bei 14,6 Prozent und der

durchschnittliche Zusatzbeitrag 2017 bei 1,1 Prozent (www. bundesgesundheitsministerium.de/ministerium/meldungen/ 2016/durchschnittlicher-zusatzbeitragssatz-2017.html, abgerufen am 03. 03. 2017). Damit ergibt sich ein monatlicher Höchstbeitrag von: $(14,6\% + 1,1\%) \times 52\,200/12 \approx 683 €$.

Gemäß § 55 SGB XI beträgt der Beitragssatz in der gesetzlichen Pflegeversicherung 2,35 Prozent zzgl. eines Zuschlages von 0,25 Prozent für Kinderlose, die älter als 23 sind. Damit ergibt sich ein monatlicher Beitrag von: $(2,35\% + 0,25\%) \times 52\,200/12 \approx 113 €$.

Der Arbeitgeber trägt nach § 249 SGB V für versicherungspflichtige bzw. nach § 257 SGB V für freiwillig gesetzlich Krankenversicherte die Hälfte des allgemeinen Beitrags der gesetzlichen Krankenversicherung, also: $14,6\%/2 \times 52\,200/12 \approx 318 €$ monatlich.

Der Arbeitgeber trägt nach § 249 SGB V für versicherungspflichtige bzw. nach § 257 SGB V für freiwillig gesetzlich Krankenversicherte die Hälfte des allgemeinen Beitrags der gesetzlichen Pflegeversicherung, also: $2,35\%/2 \times 52\,200/12 \approx 51 €$ monatlich. Der Arbeitgeberzuschuss beträgt also in Summe 369 Euro, der Eigenanteil somit: $683 € + 113 € - 369 € = 427 €$.

107 Da sich bei weniger zu zahlenden Kranken- und Pflegeversicherungsbeiträgen natürlich auch weniger von der Steuer absetzen lässt, beträgt der Netto-Vorteil beim Spitzensteuersatz als Grenzsteuersatz $(42\%$ zzgl. $5,5\%$ Solidaritätszuschlag) lediglich $(1 - (42\% \times [1 + 5,5\%]) \times 35\,640 € = 19\,848 €$.

108 Wert für 2017: www.bundesregierung.de/Content/DE/ Artikel/2016/10/2016-10-12-bemessungsgrenzen-sozialver sicherung.html, abgerufen am 04. 02. 2017

109 wertguthaben.net/doks/Birk_Informationsblatt_Rueckkehr-in-die-GKV_06-2014.pdf, abgerufen am 04. 02. 2017

110 Und nicht über 57 600 €/(3 Tage/5 Tage) = 96 000 € verdient

111 Gemäß § 15 Abs. 7 BEEG

112 Gemäß § 15 Abs. 2 Satz 1 BEEG

113 Gemäß § 6 Abs. 3 a SGB V

114 Mehr als 425 Euro pro Monat darf in diesem Fall nach dem Wechsel aber nicht mehr verdient werden. Die Ausnahme bildet ein Minijob, in dem maximal 450 Euro verdient werden dürfen. Vgl. www.finanztip.de/pkv-rueckkehr-gkv/, abgerufen am 04. 03. 2017.

115 Vgl. § 46 Abs. 2 Nr. 1 BBhV

116 Vgl. § 46 Abs. 3 BBhV

117 Krankheitskosten für Kinder werden gemäß § 46 Abs. 2 Nr. 4 zu 80 Prozent von der Beihilfe getragen.

118 Gemäß § 13 Abs. 2 SGB V

119 Gemäß § 12 Abs. 1 SGB V

120 Der Arzt wird in der Regel eine Rechnung zu den bei Privatpatienten üblichen Sätzen der Gebührenordnung für Ärzte (GOÄ) und Zahnärzte (GOZ) stellen.

121 Berechnet mit www.versicherung-online.net/zusatzversicherung-privatpatient-vergleich-676/

122 Gemäß § 13 Abs. 2 SGB V

123 Vgl. www.faz.net/aktuell/wirtschaft/unternehmen/aok-erste-krankenkasse-zahlt-fuer-apple-watch-13736118.html, abgerufen am 05. 02. 2017.

124 www.bfdi.bund.de/DE/Datenschutz/Themen/Gesundheit_Soziales/ForschungArtikel/Gendiagnostikgesetz.html, abgerufen am 05. 02. 2017

125 Anzeigepflicht gemäß § 19 Abs. 1 VVG. Es können dabei auch mehr als 10 Jahre abgefragt werden. Die gesetzliche Aufbewahrungspflicht des Arztes für Patientenakten endet aber gemäß § 630 f BGB nach 10 Jahren. Es ergibt also in den meisten Fällen für den Versicherer keinen Sinn, längere Zeiträume abzufragen. Ausnahmen ergeben sich durch Auf-

bewahrungspflichten, die sich aus anderen Regelungen ergeben, wie z. B. dem Bluttransfusionsgesetz (siehe: www.kvno. de/60neues/2015/15_05_aufbewahrungsfristen/index.html und www.kvhb.de/aufbewahrungsfristen).

126 Gemäß § 21 VVG

127 Rücktritt des Versicherers vom Versicherungsvertrag bedeutet gemäß § 346 Abs. 1 BGB, dass die Leistungen des Vertrages zurückzugewähren sind.

128 Wegen der Versicherungspflicht gemäß § 5 Abs. 1 Nr. 13 SGB V

129 Gemäß § 39 Abs. 1 VVG

130 Gemäß § 305 Abs. 1 SGB V

131 Auskunftspflicht gemäß § 305 Abs. 2 SGB V generell unbefristet gültig, siehe: www.kvhh.net/media/public/db/media/ 1/2011/11/291/2011-11-07_kbv-information_224_auskunfts anspruech e_versicherte.pdf, abgerufen am 05. 02. 2017.

132 Gemäß § 304 Abs. 1 SGB V

133 § 21 Abs. 3 VVG

134 § 124 Abs. 3 BGB i. V. m. Art. 229 § 6 Abs. 4 und 5 EGBGB

135 Art. 229 § 6 Absatz 4 EGBGB

136 www.dgbrechtsschutz.de/fuer/arbeitnehmer/bezahlter-erho lungsurlaub-eine-errungenschaft-der-gewerkschaften/, abgerufen am 10. 05. 2017

137 www.dgbrechtsschutz.de/fuer/arbeitnehmer/bezahlter-erho lungsurlaub-eine-errungenschaft-der-gewerkschaften/, abgerufen am 10. 05. 2017

138 www.dgb.de/uber-uns/dgb-heute/mitgliederzahlen, abgerufen am 05. 02. 2017

139 www.boeckler.de/pdf/ta_tarifbindung_beschaeftigte_1998_ 2015_cd.pdf, abgerufen am 05. 02. 2017

140 de.statista.com/statistik/daten/studie/75864/umfrage/durch schnittliche-wochenarbeitszeit-in-den-laendern-der-eu/, abgerufen am 05. 02. 2017

141 www.dhm.de/lemo/kapitel/weimarer-republik/industrie/ stinneslegien, angerufen am 05. 02. 2017

142 Vgl. www.8hourday.org.au/pdf/888_fact_01_history.pdf, abgerufen am 05. 02. 2017

143 www.boeckler.de/wsi-tarifarchiv_4866.htm, abgerufen am 05. 02. 2017

144 Vgl. www.dgb.de/uber-uns/bewegte-zeiten/60-jahre-dgb/19 49-1958/soziale-marktwirtschaft-und-mitbestimmung, abgerufen am 05. 02. 2017.

145 www.boeckler.de/wsi-tarifarchiv_4866.htm, abgerufen am 05. 02. 2017

146 www.igmetall-berlin.de/fileadmin/user/Gruppen/Arbeits kreise/Senioren/Kampf-um-35-Stunden-Woche_Bezirk-Mit te_2_.pdf, abgerufen am 05. 02. 2017

147 Die Einführung der 35-Stunden-Woche wurde 1990 ab 1995 beschlossen: de.wikipedia.org/wiki/Auseinandersetzungen_ um_die_35-Stunden-Woche#Weitere_Tarifauseinandersetzungen_um_die_Einf.C3.BChrung_der_35-Stunden-Woche, abgerufen am 05. 02. 2017

148 www.boeckler.de/pdf/p_ta_elemente_arbeitszeitkalender_ 2008.pdf, abgerufen am 05. 02. 2017

149 Gemäß »Bekanntmachung der Neufassung der Arbeitszeitverordnung« vom 11. November 2004, veröffentlicht im Bundesgesetzblatt Jahrgang 2004 Teil I Nr. 59, ausgegeben zu Bonn am 17. November 2004

150 Gemäß § 2 Abs. 1 AZVO NRW

151 Gemäß § 1 Abs. 1 HAZVO

152 de.statista.com/statistik/daten/studie/75864/umfrage/durch schnittliche-wochenarbeitszeit-in-den-laendern-der-eu/, abgerufen am 05. 02. 2017

153 www.dgbrechtsschutz.de/fuer/arbeitnehmer/bezahlter-erho lungsurlaub-eine-errungenschaft-der-gewerkschaften/, abgerufen am 10. 05. 2017

154 Vgl. www.ryanair.com/de/de/nutzliche-infos/service-center/ gebuhren, abgerufen am 05. 02. 2017.

155 Vgl. www.p2g.com/es/precios?col=33&dest=23&cp=03001 &ct=ALICANTE/ALACANT&p=1-20|70|50|20#/results, abgerufen am 05. 02. 2017.

156 Vgl. www.ecb.europa.eu/press/pr/date/2016/html/pr160504. de.html, abgerufen am 05. 02. 2017.

157 Vgl. z. B. www.welt.de/finanzen/article152445863/Bargeld-entzieht-sich-der-Geldpolitik-der-EZB.html, www.taz.de/ !5301098/, www.n-tv.de/wirtschaft/Der-500er-soll-verschwin den-article17567481.html, alles abgerufen am 05. 02. 2017.

158 www.faz.net/aktuell/wirtschaft/wertlose-waehrung-zimbab we-dollar-wird-eingestampft-13643438.html, abgerufen am 05. 02. 2017

159 Vgl. www.santander.de/de/privatkunden/konto_und_karte/ kreditkarten/1plus_visa-card/produktinfo_1plus_card.asp, abgerufen am 18. 08. 2016.

160 Bei maximal 400 Euro monatlichem Tankumsatz

161 Vgl. www.andasa.de/mastercardinfo.html, abgerufen am 18. 08. 2016.

162 Hier werden 1,73 Prozent Zinsen pro Monat fällig, wenn man vergisst, sein Konto auszugleichen, weshalb man auch hier einen monatlichen Dauerauftrag nutzen sollte, damit das Kreditkartenkonto erst gar nicht in die roten Zahlen rutscht.

163 § 8 Abs. 1 TzBfG

164 § 8 Abs. 7 TzBfG

165 § 8 Abs. 2 TzBfG

166 § 8 Abs. 6 Sätze 2 und 3 TzBfG

167 § 8 Abs. 4 Satz 1 TzBfG

168 § 8 Abs. 4 Satz 2 TzBfG

169 Vgl. www.tagesschau.de/wirtschaft/teilzeit-101.html, abge-rufen am 12. 03. 2017.

170 Gemäß § 8 Abs. 6 TzBfG

171 Gemäß § 15 Abs. 4, 5, 6 und 7 BEEG

172 Die New York Metropolitan Area ist die Metropolregion rund um New York City. Mit ca. 19 Millionen Einwohnern ist sie die größte Metropolregion der Vereinigten Staaten.

173 Die Einwohnerzahl Pekings beträgt ca. 21,5 Millionen.

174 Gemäß § 23 Abs. 1 Satz 1 Nr.1 EStG zählen Grundstücksverkäufe nach Ablauf von zehn Jahren nicht zu privaten Veräußerungsgeschäften und damit nicht zu sonstigen (steuerpflichtigen) Einkünften im Sinne des § 22 Abs. 2 EstG.

175 www.airliners.de/siemens-chef-piste-muenchen/40677, abgerufen am 05. 02. 2017

176 Für 60 qm große Eigentumswohnungen in 2016, vgl. www.wohnungsboerse.net/immobilienpreise-Muenchen/2091, abgerufen am 26. 02. 2017.

177 Für 60 qm große Eigentumswohnungen in 2016, vgl. www.wohnungsboerse.net/immobilienpreise-Muenchen/2091, abgerufen am 26. 02. 2017.

178 Für 60 qm große Eigentumswohnungen in 2016, vgl. www.wohnungsboerse.net/mietspiegel-Muenchen/2091, abgerufen am 26. 02. 2017.

179 Für 60 qm große Eigentumswohnungen in 2016, vgl. www.wohnungsboerse.net/immobilienpreise-Dortmund/5209, abgerufen am 26. 02. 2017.

180 Für 60 qm große Eigentumswohnungen in 2016, vgl. www.wohnungsboerse.net/mietspiegel-Dortmund/5209, abgerufen am 26. 02. 2017.

181 Die Leerstandsquote bezieht sich auf das Jahr 2015, de.statista.com/statistik/daten/studie/489613/umfrage/leerstandsquote-von-wohnungen-in-dortmund/, abgerufen am 03. 03. 2017.

182 In 2015 verzeichnete München eine Leerstandsquote in Höhe von 0,2 Prozent, de.statista.com/statistik/daten/studie/

261657/umfrage/leerstandsquote-von-wohnungen-in-muen-
chen/, abgerufen am 03. 03. 2017.

183 www.bpb.de/politik/grundfragen/deutsche-verhaeltnisse-
eine-sozialkunde/138003/historischer-rueckblick?p=all, abgerufen am 05. 02. 2017

184 Vgl. www.metropoleruhr.de/land-leute/daten-fakten/lage-
und-geografie.html, abgerufen am 05. 02. 2017.

185 Vgl. www.landesdatenbank.nrw.de, abgerufen am 05. 02.
2017

186 www.destatis.de/DE/PresseService/Presse/Pressemitteilun-
gen/2016/08/PD16_295_12411.html, abgerufen am 05. 02.
2017.

187 www.metropoleruhr.de/land-leute/daten-fakten/bevoelke
rung.html, abgerufen am 05. 02. 2017

188 www.ruhr-guide.de/freizeit/industriekultur/das-ruhrgebiet-
vom-industriestandort-zum-kulturstandort/21961,0,0.html,
abgerufen am 05. 02. 2017

189 Vgl. z. B. hypotheken.fmh.de, abgerufen am 04. 03. 2017.

190 Bei zehn Jahren Zinsbindung und 2 Prozent Anfangstilgung,
vgl. z. B. hypotheken.fmh.de, abgerufen am 04. 03. 2017.

191 Bei 100-Prozent-Finanzierung, 10 Jahren Zinsbindung und
2 Prozent Anfangstilgung wird im Moment ein Zins in Höhe
von 1,67 Prozent verlangt (Stand 04. 03. 2017). Das sind
1,67 % × 81 600 € = 1363 € Zinsen im Jahr. Damit bleiben
Einnahmen in Höhe von 4752 € – 1363 € = 3389 € im Jahr
übrig. Dies entspricht einer Eigenkapitalrendite auf dein eingesetztes Kapital in Höhe von 3389 €/8160 € = 41,53 %.

192 In der Rechnung ab Seite 200, die zeigt, dass es für die
3-Tage-Woche reicht, wurden Steuern und auch die 2 Prozent Anfangstilgung berücksichtigt.

193 www.hausverwalter-vermittlung.de/blog/hausverwaltung-
kosten-pro-einheit/, abgerufen am 04. 03. 2017

194 www.handelsblatt.com/technik/it-internet/keine-aktualisie

rung-warum-bei-google-street-view-die-zeit-stillsteht/1260
4282.html, abgerufen am 05. 02. 2017

195 www.ifm-bonn.org/statistiken/gruendungen-und-unterneh
mensschliessungen/#accordion=0&tab=0, abgerufen am 05.
02. 2017

196 www.ifm-bonn.org/fileadmin/data/redaktion/statistik/gruen
dungen-und-unternehmensschliessungen/dokumente/Kenn-
zahlen_GrLiIns_D_2015.pdf, abgerufen am 05. 02. 2017

197 Vgl. z. B. www.faz.net/aktuell/finanzen/meine-finanzen/mie
ten-und-wohnen/neues-gesetz-fuer-immobilienkredit-er
schwert-hauskauf-14272622.html, abgerufen am 05. 02. 2017.

198 Gemäß § 9 Abs. 1 S. 3 Nr. 1 EStG

199 Spitzensteuersatz samt Solidaritätszuschlag

200 Die Kapitalertragssteuer darf erst seit den BFH-Urteilen vom
29. 04. 2014, VIII R 44/13, VIII R 9/13 und VIII R 35/13
herangezogen werden. Davor verlangte der Fiskus die Heran-
ziehung des persönlichen Steuersatzes.

201 Gemäß § 9 Abs. 9 Satz 1 EStG

202 Stand 05. 02. 2017, www.finanzen.net/aktien/Scout24-Aktie

203 Vgl. www.handelsblatt.com/unternehmen/it-medien/deut
sche-telekom-und-hellman-und-friedman-grossaktionaere-
platzieren-erneut-scout24-aktienpaket/14969904.html, abgerufen am 26. 02. 2017.

204 www.immobilienscout24.de/unternehmen/immobiliensco
ut24.html, abgerufen am 05. 02. 2017

205 Gemäß Punkt 13 der AGB für die Nutzung der über die
Website www.immobilienscout24.de zugänglichen Services
der Immobilien Scout GmbH, Stand: 01. 05. 2015

206 25 Prozent Kapitalertragssteuer zzgl. Solidaritätszuschlag

207 42 Prozent Einkommenssteuer zzgl. Solidaritätszuschlag

208 2 Prozent Abschreibung auf die Gebäudekosten, Grund-
stückskosten werden mit 15 Prozent angenommen: (100 % −
15 %) × 2 % = 1,7 %. Bei Gebäuden vor Baujahr 1924 beträgt

die Abschreibung auf die Gebäudekosten sogar 2,5 Prozent, d. h. (100 % − 85 %) × 2,5 % = 2,125 % auf die Gesamtkosten inkl. Grundstück.

209 § 9 Nr. 1 Satz 2 GewStG: »… bei Unternehmen, die ausschließlich eigenen Grundbesitz oder neben eigenem Grundbesitz eigenes Kapitalvermögen verwalten oder nutzen oder daneben Wohnungsbauten betreuen oder Einfamilienhäuser, Zweifamilienhäuser oder Eigentumswohnungen … errichten und veräußern, die Kürzung um den Teil des Gewerbeertrags, der auf die Verwaltung und Nutzung des eigenen Grundbesitzes entfällt.«

210 Zzgl. Solidaritätszuschlag

211 Angenommener Zinssatz für eine Volltilgung über 20 Jahre von 2,5 Prozent, über 15 Jahre von 1,8 Prozent. Die Beleihung beträgt 80 Prozent des Kaufpreises, wobei der Kaufpreis 12,5 Prozent Nebenkosten für Makler, Notar und Grunderwerbssteuer enthält.

212 Vgl. www.impulse.de/gruendung/kosten-gmbh-gruendung/ 2046741.html, abgerufen am 11. 03. 2017

213 Da die Haftung einer GmbH, wie der Name schon sagt, beschränkt ist, empfiehlt es sich mit der finanzierenden Bank eine persönliche Haftung des GmbH-Eigentümers für den Kredit zu vereinbaren (wie es bei einem herkömmlichen Immobilienerwerb auch der Fall ist). Andernfalls ist mit hohen Zinsaufschlägen zu rechnen, die die Wirtschaftlichkeit des Tipps gefährden.

214 Gewinn = Verkaufspreis − Kaufpreis − Kaufnebenkosten + Abschreibungen

215 Zzgl. Solidaritätszuschlag, ohne Kirchensteuer. Beim Spitzensteuersatz sind das dann: 42 % * (1 + 5,5 %) = 44,31 %

216 Jeweils zzgl. Solidaritätszuschlag

217 Gemäß § 6 b EStG kann der Veräußerungsgewinn aus Grund und Boden sowie Gebäuden, die zum Betriebsvermö-

gen einer GmbH gehören, bis zu vier Jahre steuerfrei in einer Rücklage für Reinvestitionen geparkt werden.

218 Gemäß § 16 Absatz 4 Nr. 1 – 3 EStG

219 § 535 Absatz 1 BGB

220 Gemäß § 598 BGB

221 § 603 BGB

222 www.welt.de/politik/deutschland/article109904679/Durch schnitts-Rentner-verfuegt-ueber-1800-Euro-netto.html, abgerufen am 04. 03. 2017

223 www.steuertipps.de/steuererklaerung-finanzamt/themen/ren tner-was-duerfen-sie-als-werbungskosten-geltend-machen, abgerufen am 05. 03. 2017

224 www.focus.de/finanzen/steuern/tid-15301/rentenbesteuer ung-wie-rentner-ihre-steuerlast-senken_aid_429658.html, abgerufen am 05. 03. 2017

225 Der Grundfreibetrag liegt bei 17 640 Euro, vgl. www.bun desfinanzministerium.de/Content/DE/Pressemitteilungen/ Finanzpolitik/2016/09/2016-10-12-PM20-steuererleichte rungen.html, abgerufen am 04. 03. 2017.

226 imacc.de/Steuertabelle/Splittingtabellen/2017/EinSt_2017_ Split_0_Jahr.pdf, abgerufen am 04. 03. 2017

227 Gemäß EStG § 21 Abs. 1, § 12 Nr. 2

228 Gemäß § 1030 BGB

229 Gemäß Bundesfinanzhof, Urt. v. 13. 05. 1980, Az.: VIII R 63/79

230 Vgl. www.bundesfinanzministerium.de/Content/DE/Presse mitteilungen/Finanzpolitik/2016/09/2016-10-12-PM20- steuererleichterungen.html, abgerufen am 04. 03. 2017.

231 Gemäß Bundesfinanzhof, Urteil v. 19. 11. 03, Az.: IX R 54/00, NV

232 Abschreibung für Abnutzung gemäß § 7 Abs. 4 Nr. EStG (bis Baujahr 1924 2,5 Prozent, ab Baujahr 1925 2 Prozent)

233 Kaufpreis samt Kaufnebenkosten ohne Grundstückswert

234 Steuerbefreiung gemäß § 3 Nr. 3 und 6 GrEStG

235 Gemäß Artikel 3 des Gesetzes zur Dämpfung des Miet-
anstiegs auf angespannten Wohnungsmärkten und zur Stär-
kung des Bestellerprinzips bei der Wohnungsvermittlung
vom 21. April 2015

236 www.sueddeutsche.de/wirtschaft/bestellerprinzip-umsatz-
von-immobilienmaklern-eingebrochen-1.3013213, abgerufen am 07. 02. 2017

237 www.faz.net/aktuell/wirtschaft/makler-darf-keine-besichti
gungsgebuehr-verlangen-14289211.html, abgerufen am 07.
02. 2017

238 www.sueddeutsche.de/wirtschaft/maklergebuehr-provision-
um-jeden-preis-1.2478293, abgerufen am 07. 02. 2017

239 www.sueddeutsche.de/wirtschaft/maklergebuehr-provision-
um-jeden-preis-1.2478293, abgerufen am 07. 02. 2017

240 www.zeit.de/wirtschaft/2016-04/immobilienmakler-tricks-
bestellerprinzip-zukunft-mietwohnungen, abgerufen am 07.
02. 2017

241 Gemäß § 8 des Gesetzes zur Regelung der Wohnungsvermittlung

242 www.sueddeutsche.de/wirtschaft/bestellerprinzip-makler-
drohen-mit-streik-und-ernten-spott-1.2198185, abgerufen
07. 02. 2017

243 § 488 Abs. 3 BGB

244 § 489 Abs. 1 Nr. 2 BGB

245 Vgl. z. B. Landgericht Mainz, AZ.: 5 O 1/14

246 www.faz.net/aktuell/finanzen/meine-finanzen/bgh-urteil-
bausparkassen-duerfen-altvertraege-kuendigen-14888350.
html, abgerufen am 07. 03. 2017

247 Vgl. www.ing-diba.de/kundenservice/konditionen/leistungs
verzeichnis/#!477914, abgerufen am 11. 03. 2017. Bei einer
gewissen Auswahl von ETFs wird sogar ganz auf den Ausgabeaufschlag verzichtet.

248 Vgl. www.justetf.com/de/how-to/msci-acwi-etfs.html, abgerufen am 11. 03. 2017

249 Zum Beispiel Flatex, Consorsbank oder Comdirect. Vgl. www.finanztip.de/indexfonds-etf/fondssparplan/, abgerufen am 12. 03. 2017

250 Vgl. www.deka.de/privatkunden/fondsprofil?id=DE000DK 2CFT3, abgerufen am 11. 03. 2017. Die laufenden Kosten beziehen sich auf den Zeitraum Oktober 2015 bis September 2016.

251 ETFs bilden Indizes häufig synthetisch über Derivate nach. Vertragspartner sind dabei Finanzinstitutionen, die auch ausfallen können. Im Sondervermögen befinden sich dann im Allgemeinen keine im DAX notierten Aktien. Nur Aktien stellen tatsächliche Anteile an Unternehmen dar.

252 Vgl. www.justetf.com/de/how-to/msci-acwi-etfs.html, abgerufen am 11. 03. 2017. Stand: 31. 10. 2016

253 Vgl. www.justetf.com/de/how-to/msci-acwi-etfs.html, abgerufen am 11. 03. 2017.

254 Vgl. www.finanzen.net/index/DAX/Hochtief, abgerufen am 07. 02. 2017.

255 ETFs bilden Indizes häufig synthetisch über Derivate nach. Vertragspartner sind dabei Finanzinstitutionen, die auch ausfallen können. Im Sondervermögen befinden sich dann im Allgemeinen keine im DAX notierten Aktien. Nur Aktien stellen tatsächliche Anteile an Unternehmen dar.

256 Vgl. www.wallstreet-online.de/nachricht/8792632-10-war ren-buffett-zitate-investieren-lehren, abgerufen am 04. 03. 2017.

257 Stand: 11. 03. 2017

258 www.text-manufaktur.de/detailseite/items/es-ist-nicht-der-anspruch-des-lektorats-ein-buch-zu-aendern.html, abgerufen am 13. 02. 2017

259 Gemäß Lfd. Nr. 2 der Anlage 2 (zu § 12 Abs. 2 Nr. 1 und 2)

des Umsatzsteuergesetzes (Liste der dem ermäßigten Steuersatz unterliegenden Gegenstände) ermäßigt sich die Umsatzsteuer für Bücher auf sieben Prozent.

260 www.bild.de/unterhaltung/kino/kinostarts/ich-bin-dann-mal-weg-hape-kerkeling-sucht-gott-und-sich-selbst-4389 7890.bild.html, abgerufen am 07. 02. 2017

261 Die Tantiemen musst du auch noch versteuern, denn Einkünfte aus schriftstellerischer Tätigkeit zählen einkommensteuerrechtlich zu den Einkünften aus selbständiger Arbeit gemäß § 18 EStG.

262 Gemäß § 2 des Künstlersozialversicherungsgesetzes

263 Vgl. www.tk.de/centaurus/servlet/contentblob/623860/Da tei/74180/Beitragspflichtige%20Einnahmen.pdf, abgerufen am 07. 02. 2017.

264 Zusätzlich darfst du bis zu 450 Euro monatlich aus einer nicht künstlerischen Tätigkeit verdienen. Sozialabgaben umfassen Beiträge zur gesetzlichen Pflege-, Kranken-, Renten- und Arbeitslosenversicherung.

265 www.bus.formularservice.niedersachsen.de/cpa/cfs/eject/ pdf/8.pdf?FORMUID=NI-KSK-004-NI-FL&INFOD IENSTE_FORM_ID=11759698&MANDANTUID= BUS&

266 Gemäß § 16 Abs. 1 Künstlersozialversicherungsgesetz

267 www.kuenstlersozialkasse.de/fileadmin/Dokumente/Me diencenter_Künstler_Publizisten/Allg._Infos_u._Anmelde unterlagen/Das_Wichtigste_zur_KSV_in_Kuerze_03_2015. pdf, abgerufen am 07. 02. 2017

268 www.kuenstlersozialkasse.de/fileadmin/Dokumente/Me diencenter_K%C3%BCnstler_Publizisten/Allg._Infos_u._ Anmeldeunterlagen/Aktuelle_Werte_in_der_SV_2016.pdf, abgerufen am 07. 02. 2017

269 www.bus.formularservice.niedersachsen.de/cpa/cfs/eject/ pdf/8.pdf?FORMUID=NI-KSK-004-NI-FL&INFO

DIENSTE_FORM_ID=11759698&MANDANTUID=
BUS&, abgerufen am 07. 02. 2017

270 Vgl. S. 46 des Geschäftsberichtes der Deutschen Telekom
AG für das Geschäftsjahr 2015

271 Vgl. www.pay-what-you-want.net, abgerufen am 07. 02. 2017

272 Vgl. www.stern.de/wirtschaft/geld/check24-vor-gericht-das-
sollten-sie-ueber-vergleichsportale-wissen-6715566.html, abgerufen am 04. 03. 2017

273 www.nw.de/lokal/kreis_guetersloh/verl/verl/20700422_
Kuechenhersteller-Nobilia-schafft-Milliarden-Umsatz.html,
abgerufen am 09. 02. 2017

274 www.nobilia.de/en/unternehmen/profil/selbstverstaendnis,
abgerufen am 09. 02. 2017

275 Vgl. nobilia.de/de/service/planung/webplaner, abgerufen am
20. 08. 2016

276 Vgl. nobilia.de/de/handelspartner, abgerufen am 20. 08. 2016

277 Wenn du die BCC-Zeile nutzt, können die Empfänger nicht
sehen, dass du dieselbe E-Mail auch an andere Adressen geschickt hast.

278 Gemäß § 9 Abs. 1 MuSchG

279 Gemäß § 18 BEEG

280 Gemäß § 15 Abs. 2 Satz 1 und 2 BEEG. Adoptierst du ein
Kind oder betreust es in Vollzeitpflege, kannst du die vollen
drei Jahre auch nach dem dritten Geburtstag deines Kindes
nehmen. In diesen Fällen sind die Kinder meist schon älter,
weshalb man hier in § 15 Abs. 2 Satz 5 eine Sonderregelung
geschaffen hat.

281 Gemäß § 16 Abs. 1 Satz 6 BEEG

282 Gemäß § 15 Abs. 7 Nr. 5 a)

283 Gemäß § 15 Abs. 7 Nr. 5 b)

284 Gemäß § 18 BEEG

285 Gemäß § 15 Abs. 6 BEEG

286 Gemäß § 15 Abs. 4 BEEG

287 Da gemäß § 18 BEEG die Kündigung während der Elternzeit ausgeschlossen ist und zum Ende der Elternzeit gemäß
§ 19 BEEG nur mit einer Frist von drei Monaten gekündigt
werden darf.

288 Gemäß de.wikipedia.org/wiki/Elterngeld_(Deutschland),
abgerufen am 04. 03. 2017

289 Gemäß § 4 Abs. 4 BEEG

290 Gemäß § 4 Abs. 2 Satz 1 BEEG

291 Vgl. Feiertagsgesetze der einzelnen Bundesländer

292 Gemäß § 17 Abs. 1 BEEG

293 Gemäß § 3 Abs. 1 MuSchG

294 Zwölf Wochen nach der Geburt bei Früh- und Mehrlings-
geburten.

295 Gemäß § 6 Abs. 1 Satz 1 MuSchG

296 MuSchG §§ 13 f.

297 Gemäß § 2 Abs. 1 und 2 BEEG. Bonuszahlungen, Zuschläge
für Sonntags-, Feiertags- und Nachtarbeit werden dabei
nicht berücksichtigt. Weihnachtsgeld und Urlaubsgeld, die
als regelmäßiges 13. und 14. Monatsgehalt deklariert sind,
wird hingegen berücksichtigt, vgl. www.anwalt.de/rechts
tipps/weihnachts-und-urlaubsgeld-kann-doch-elterngeld-er
hoehen_083590.html, abgerufen am 04. 03. 2017.

298 Gemäß § 4 Abs. 3 BEEG

299 Gemäß § 4 Abs. 4 BEEG

300 Nach § 67 Nr. 67 b) EStG. Elterngeld wird aber gemäß
§ 32b Abs. 1 Satz 1 Nr. 1 j) bei der Erhebung des persönlichen Einkommenssteuersatzes berücksichtigt.

301 Vgl. www.ikea.com/ms/de_DE/campaigns/services/rueckga
berecht.html, abgerufen am 09. 05. 2016.

302 Vgl. www.tagesspiegel.de/wirtschaft/moebelhaus-ikea-
streicht-lebenslanges-rueckgaberecht/14022528.html, abgerufen am 09. 02. 2017.

303 Vgl. www.bild.de/geld/aktuelles/ikea/ikea-nimmt-unbegrenz

tes-rueckgaberecht-zurueck-47359722.bild.html, abgerufen am 09. 02. 2017.

304 Vgl. www.iaas.uni-bremen.de/sprachblog/2007/05/16/scha denfreude/, abgerufen am 09. 02. 2017.

305 Vgl. www.talk-around-the-world.com/2012/06/buxtehude-und-das-maerchen-vom-pfeffer/, abgerufen am 09. 02. 2017.

306 Vgl. www.huk24.de/content/dam/huk24/bedingungen_ produktinfo/fahrzeuge/huk6412p.pdf, abgerufen am 30. 09. 2016, gemäß I.3.3 AKB 2008

307 Vgl. I.2.3. in den allgemeinen Bedingungen für Kfz-Versicherungen: beck-online.beck.de/?vpath=bibdata/komm/ RueHalSchKoVVG_2/AKB2008/cont/RueHalSchKoVVG. AKB2008.I.2.3.htm, abgerufen am 30. 09. 2016.

308 Gemäß § 3 Abs. 2 Nr. 1 c) FZV

309 Gemäß § 29 StVZO

310 Vgl. www.n-tv.de/ratgeber/Billig-fahren-als-Versicherungs einsteiger-article16046056.html, abgerufen am 09. 02. 2017.

311 Vgl. www.zeit.de/politik/deutschland/2011-02/guttenberg-wahrheit, abgerufen am 09. 02. 2017.

312 www.zeit.de/campus/2013/06/service-promotion-faecher, abgerufen am 09. 02. 2017

313 Vgl. www.uni-bayreuth.de/de/universitaet/presse/archiv/ 2011/040-037-gutten.pdf, abgerufen am 09. 02. 2017.

314 Gemäß Artikel 181 der Verfassung des Deutschen Reichs vom 11. August 1919

315 Gemäß Artikel 109 der Verfassung des Deutschen Reichs vom 11. August 1919

316 Gemäß § Abs. 2 Nr. 12 PAuswG

317 www.merkur.de/wirtschaft/unterschrift-viel-name-unter-vertraegen-wert-muessen-wissen-2984081.html, abgerufen am 09. 02. 2017

318 Gemäß § 111 OWiG

319 Die Dauertiefpreisgarantie von Hornbach gilt gemäß www.

hornbach.de/cms/de/de/mein_hornbach/dauertiefpreis/prin zipien_dauertiefpreisgarantie/prinzipien_dauertiefpreisga rantie.html, abgerufen am 13. 05. 2016, auch auf Internet-preise.

320 Vgl. www.bauhaus.info/service/leistungen/garantien, abge-rufen am 13. 05. 2016.

321 Rechnung bereits im Tipp

322 Der Betrag aus Tipp 1 wird 34 Monate vom Finanzamt mit 0,5 Prozent je Monat verzinst: $34 \times 0,5\,\% \times 2168\,€ = 369\,€$.

323 Mit den Annahmen aus dem Tipp sinkt die Steuerlast von 12 362 Euro auf 6787 Euro (www.zinsen-berechnen.de/ein kommensteuerrechner.php). Damit ergibt sich folgende Rechnung: $12\,362\,€ - 6787\,€ = 5575\,€$. Dieser Satz wird wiederum 34 Monate mit je 0,5 Prozent pro Monat verzinst (siehe Tipp 2). Das ergibt: $5575\,€ \times (1 + 34 \times 0,5\,\%) = 6523\,€$.

324 Wie im Tipp angenommen, wird der Studienplatz für groß-zügige 5000 Euro getauscht.

325 Der Brutto-Gehaltsunterschied aus dem Tipp waren 8000 Euro. Der Netto-Vorteil hängt sehr vom individuellen Ein-stiegsgehalt ab (Der Steuersatz und die Sozialabgaben variie-ren für jeden zusätzlichen Euro im Bereich zwischen 43 000 Euro und 51 000 Euro Jahresgehalt sehr stark). Deshalb haben wir den Tipp in der Gesamtrechnung nicht berück-sichtigt.

326 Annahme: 1000 Euro Konsumausgaben pro Monat, 5 Pro-zent Ersparnis darauf: $12 \times 1000\,€ \times 5\,\% = 600\,€$

327 Die Rendite von Tipp 18 ist besser. Deshalb haben wir an-genommen, dass man lieber in Wohnungen im Ruhrgebiet investiert.

328 In zwei von drei Jahren können zusätzlich 1900 Euro von der Steuer abgesetzt werden: Es ergibt sich beim Spitzensteuer-satz eine Ersparnis von $2/3 \times 1900\,€ \times 42\,\% \times (1 + 5,5\,\%) = 561\,€$. Den zusätzlichen Rabatt, den es in einigen privaten

Krankenversicherungen für eine Vorauszahlung gibt, haben wir nicht berücksichtigt.

329 Im Tipp gehen wir von 10 Euro monatlicher Ersparnis aus.

330 Im Tipp bekommst du eine Beteiligung an den Abschlussprovisionen in Höhe von 4200 Euro. Wenn du diese mit dem Spitzensteuersatz versteuern musst, bleiben 4200 € × (1 − 42 % × [1 + 5,5 %]) = 2339 € übrig.

331 Im Tipp gehen wir von 129 Euro jährlicher Beteiligung an der Bestandsprovision aus.

332 Im Tipp kommen wir auf 35 640 € Gesamtersparnis. Nach Steuern (Annahme: Spitzensteuersatz) macht das 35 460 € × (42 % × (1 + 5,5 %)) = 19 848 €.

333 Der finanzielle Vorteil eines Kostenerstattungstarifs gegenüber einer PKV-Vollversicherung hängt zu sehr von der individuellen Situation ab, so dass wir ihn hier nicht berücksichtigt haben.

334 Annahme: 10 Prozent Beitragszuschlag werden vermieden. Bei einer BU, die 100 Euro im Monat kostet, sind das 12 × 10 € = 120 € jährlich.

335 Annahme: zwei Urlaubsreisen im Jahr, Ersparnis von jeweils ca. 50 Euro pro Hin- und Rückflug

336 Annahme: 1000 Euro Kreditkartenumsatz im Monat mit Andasa: 0,25 % × 1000 € × 12 = 30 € im Jahr. 200 Euro Tankumsatz im Monat mit Santander-Karte: 1 % × 200 € × 12 = 24 €. Zwei Urlaubsreisen im Jahr mit jeweils zwei Abhebungen à 5 Euro spart 2 × 2 × 5 € = 20 € und jeweils 500 Euro Auslandsumsatz mit 2 Prozent Gebühren spart 2 % × 500 € × 2 = 20 €, insgesamt also 30 € + 24 € + 20 € + 20 € = 94 €.

337 Die einmaligen Ersparnisse von in Summe 32 383 Euro stecken wir in Immobilien im Ruhrgebiet.
Mit den Zahlen aus dem Tipp (81 600 Euro Kaufpreis, 10 Prozent Nebenkosten, 2 Prozent Abschreibung und

15 Prozent Grundstückswertanteil) ergibt sich eine jährliche Abschreibung von 81 600 € × (1 + 10 %) × (1 – 15 %) × 2 % = 1526 €. Die zu versteuernden Mieteinnahmen belaufen sich somit bei 898 Euro jährlichen Zinsen auf 4752 Euro – 898 € – 1526 € = 2328 €.

Bei einem Steuersatz von 42 Prozent zzgl. Solidaritätszuschlag sind also 2328 € × 42 % × (1 + 5,5 %) = 1032 € jährliche Steuern zu entrichten.

Bei 2 Prozent Anfangstilgung (wird in der Regel von allen Banken als Mindesttilgung gefordert) ergibt sich eine jährliche Tilgungsrate von 2 % × 81 600 € = 1632 €. Von den Mieteinnahmen bleiben dann abzüglich Zinsen, Steuern und Tilgung jährlich 4752 € – 898 € – 1032 € – 1632 € = 1190 € übrig.

Auf das eingesetzte Kapital in Höhe von 8160 € ergibt sich somit eine Netto-Rendite (Steuern haben wir ja schon abgezogen) in Höhe von 1190 €/8160 € = 14,6 %.

14,6 Prozent von unseren einmaligen Ersparnissen in Höhe von 32 383 € ergibt 4724 € jährlich.

338 Ergibt sich aus den Annahmen im Tipp.

339 Bei einer Anzeige jährlich. Mit den Zahlen aus dem Tipp ergibt sich: 99 € – 49,83 € = 49,17 €

340 Da dieser Tipp nur alternativ zu Tipp 22 angewandt werden kann und Tipp 22 lukrativer ist, haben wir die Ersparnis aus Tipp 21 nicht in der Summe berücksichtigt.

341 Mit der Faustregel aus dem Tipp (1 Prozent zusätzliches Netto aus den Immobilien-Kaufpreisen) ergibt sich mit den Käufen in Tipp 18 (für 32 383 Euro kaufen wir bei 10 Prozent Nebenkosten und 100 Prozent Beleihung Immobilien im Wert von 323 830 Euro): 1 % × 323 830 € = 3238 €.

342 Mit diesem Tipp fallen die Steuern aus Tipp 18 weg. Für komplette Steuerfreiheit bräuchte man etwas mehr als zwei Kinder (zwei Kinder hätten einen Grundfreibetrag von

8820 € × 2 = 17 640 € bei jährlichen Mieteinnahmen in Höhe von 32 383 €/8160 € × 4752 € = 18 858 €). Da sich der Tipp zusätzlich noch auf Eltern im Rentenalter bezieht, wird von Steuerfreiheit ausgegangen. Die jährlichen Netto-Mieteinnahmen erhöhen sich also von 1190 Euro um 1032 Euro auf 2222 Euro. Die Netto-Rendite auf das eingesetzte Kapital erhöht sich entsprechend auf 2222 €/8160 € = 27,2 %. Wenn wir 32 383 Euro einsetzen, erwirtschaften wir also 27,2 % × 32 383 € = 8818 € jährlich. Ohne den Tipp hätten wir nur die 4724 Euro aus Tipp 18. Der Tipp bringt also 8818 € – 4724 € = 4094 €.

343 In der Schlussrechnung wurde dieser Tipp nicht berücksichtigt, da er nur alternativ zu Tipp 22 angewandt werden kann und Tipp 22 lukrativer ist.

344 Im Tipp werden 3000 Euro Notarkosten angenommen.

345 So hoch ist die jährliche Ersparnis im Tipp.

346 Annahme: 50 Euro Besichtigungsgebühr im Leben gespart

347 Der Tipp nützt nur etwas, wenn man gar nicht mehr arbeitet. Drei Tage pro Woche wären dafür drei Tage zu viel.

348 Annahme: 3000 Euro beim Küchenkauf gespart

349 Mit 250 Euro Kaufpreis aus dem Tipp und 18 Jahre lang 7,81 Euro ergeben sich Kosten von 250 € + 18 × 7,81 € = 391 €

350 Siehe Tipp.

351 Annahme: ein Kauf pro Jahr in der Art des Tipps

352 Gemäß www.nettolohn.de/(Annahmen: keine Kirchensteuer, keine Kinder, Alter 35, gesetzlich krankenversichert mit 1,1 Prozent Zusatzbeitrag, gesetzlich rentenpflichtversichert, gesetzlich arbeitslosenpflichtversichert) beträgt bei einem Brutto-Jahreseinkommen von 90 000 Euro, das Netto-Jahreseinkommen 50 446 Euro. Bei einer 3-Tage-Woche würde sich das Bruttoeinkommen auf 3/5 × 90 000 € = 54 000 € reduzieren. Das Nettoeinkommen würde dann

(mit obigen Annahmen) nur noch 31 966 Euro betragen. Die Lücke von 50 446 € – 31 966 € = 18 480 € kann durch die Tipps also geschlossen werden.

Fabian Sixtus Körner

Journeyman
1 Mann, 5 Kontinente und jede Menge Jobs

Mit zahlreichen Fotos.
QR-Codes mit Fotos und Videos im Buch.
Taschenbuch.
Auch als E-Book erhältlich.
www.ullstein-taschenbuch.de

Ohne Geld um die Welt

Wie kommt man einmal um die Welt, mit nur 255 Euro auf dem Konto? Fabian Sixtus Körner schnappt sich seinen Rucksack und macht sich auf ins Ungewisse. Sein Plan: alle Kontinente dieser Erde bereisen – und überall für Kost und Logis arbeiten. Er legt Tausende von Kilometern in Fliegern, Zügen, Bussen, löchrigen Booten und Rikshas zurück und arbeitet dabei mal als Grafiker, mal als Architekt oder Fotograf. Zwei Jahre und zwei Monate, über sechzig Orte, querweltein.

ullstein

Erik Haffner, David Gromer

Ääh ist keine Antwort

Schlagfertige Sprüche für alle Lebenslagen

Taschenbuch.
Auch als E-Book erhältlich.
www.ullstein-buchverlage.de

Die ultimative Bibel der Schlagfertigkeit

Wer kennt das nicht: Man braucht eine schnelle Antwort, die das Gegenüber ausknockt, aber nichts fällt einem ein. Das passiert Ihnen jetzt nicht mehr – mit diesem Buch gewinnen Sie jedes Rededuell! Ob die passende Fast-Beleidigung für die Politesse, die geistreiche Erniedrigung des Türstehers oder der verbale Dolchstoß für den Exfreund: Erik Haffner und David Gromer haben die idealen Repliken für alle nervenden Situationen gesammelt, die das Leben täglich bietet – damit sie im Bedarfsfall wie aus der Pistole geschossen aus Ihrem Mund kommen …

ullstein